151 ENCUENTROS con el Rey

LUCAS LEYS

EDITORIAL Vida
DEDICADOS A LA EXCELENCIA

La misión de EDITORIAL VIDA es proporcionar los recursos necesarios a fin de alcanzar a las personas para Jesucristo y ayudarlas a crecer en su fe.

Miami, Florida 33166-4665

Edición: *APS*

Diseño de cubierta: *O'Design*

Diseño interior: *Grupo Nivel Uno Inc.*

ISBN 0-8297-3791-X

Categoría: *Vida Cristiana / Devocional*

Impreso en Estados Unidos de América
Printed in the United States of América

02 03 04 05 06 07 ❖ 06 05 04 03 02 01

DEDICATORIA

A quienes me acompañan siempre en cada circunstancia: mi amado Señor y mi amada Valeria.

Gracias a todos los jóvenes y adolescentes que se animaron a participar en este proyecto. Este libro es de ustedes.

LUCAS LEYS

Encuentro 1

GANAR COMIENZA EMPEZANDO

Proverbios 29:18 *Dónde no hay visión el pueblo se extravía.*

Es casi imposible armar un rompecabezas sin la imagen de lo que queremos. Dicen los presidentes de las empresas multinacionales más conocidas que uno de los secretos del éxito es empezar con el objetivo en mente. Lo que no saben muchos de estos grandes empresarios es que este principio ya estaba declarado en el libro de Proverbios mucho antes de que ellos usaran pañales. Es cierto; si no sabes a dónde te diriges es probable que nunca llegues a ningún lado. Es por eso que tu visión tiene que estar bien definida. Como dice el proverbio: «Si no tenemos una visión clara de nuestra dirección y de lo que queremos lograr tenemos asegurado el fracaso».

La falta de visión de un objetivo nos impide empezar y sin inicio no hay ganancia. A medida que creces tienes que tomar mayores decisiones. No pierdas el tiempo. Investiga, empieza a pensar en cuáles son las cosas que más te gustaría hacer e intenta dibujarlas en tu imaginación, fija las metas que quieres alcanzar en los próximos años. Cuantos más detalles puedas dibujar mejor. Ponle sonido, llénalo de aromas y sabores. Muy bien, ahora hazte esta pregunta: ¿Qué pasos tengo que dar para llegar allí? Haz tus planes, consúltalos con Dios y empieza hoy a construir tus logros y sueños alcanzados de mañana. Ojalá que este libro te ayude a acercarte más al impresionante Rey de las visiones y los sueños cumplidos.

Punto de reflexión

¿Cuál será la visión que Dios quiere que tenga de mi futuro?
¿Cuáles son los pasos para lograr lo que sueño?

Audiencia con el Rey

Señor, revélame tu voluntad. Permíteme ver claramente hacia que valores, principios y medidas tengo que dirigir mi vida. Gracias porque sé, que cada día me darás mayor claridad y sobre todo gracias por darme la libertad de elegir también.

Encuentro 2

¡Nos ha llamado amigos!

Juan 15:15 *Ya no los llamo siervos, porque el siervo no está al tanto de lo que hace su amo; los he llamado amigos, porque todo lo que a mi padre le oí decir se lo he dado a conocer a ustedes.*

Se abren los portales del palacio. La belleza del lugar es indescriptible. Haría falta un millón de libros para empezar a describir los detalles. La fuerza y la luz que se experimentan lo cambia todo. A medida que avanzan los pasos una nueva visión de la realidad va invadiendo las mentes. La sabiduría aumenta en proporción a la cercanía con el gran trono. Primero da un poco de miedo. Por un lado sabemos que se trata de Dios. Sí... Dios. El que todo lo sabe, todo lo ha creado, todo lo puede. Por otro lado también está el recuerdo de haber escuchado a muchos que hablan de él como si estuviera enojado esperándonos para señalarnos con su dedo índice y declarar a gran voz que somos indignos. Pero a medida que nos acercamos también un calor empieza a invadirnos. Es su amor incondicional que echa fuera el temor. Pronto estamos en el trono del regalo inmerecido. Allí está Dios y a su derecha Jesús. Dios nos observa y luego mira a Jesús. Con voz segura y mostrando su emoción Jesús le dice: «Padre, aquí están mis amigos». ¡Uao! Jesús nos llama «amigos». Cada día podemos acercarnos a la increíble presencia de Dios para tener una audiencia privada y muy especial con el gran Soberano.

Todas las civilizaciones han servido a sus dioses. Todas las grandes y pequeñas religiones siempre tuvieron la idea de que fuera quien fuera su divinidad había que servirle. Pero Cristo vino a enseñarnos algo diferente. Él no habló tanto de servirle como de amarle. Solo el cristianismo enseña acerca de un Dios que nos ama y al que podemos amar. Solamente Jesús enseñó la amistad con Dios y nos invitó a vivir esa relación como una maravillosa aventura. Por eso, nos reveló su voluntad. Nos dio a conocer sus deseos a través de su Palabra y nos invitó a ser grandes amigos. Por medio de este libro Dios te invita a disfrutar de su maravillosa presencia. Jesús quiere verte allí en el trono del regalo inmerecido para seguir revelándote su voluntad, llenarte de su amor, colmarte de sabiduría y equiparte con su fuerza.

Punto de reflexión

¿Qué voy a hacer este año para disfrutar más tiempo en su presencia? ¿Qué significa para mí tener una amistad con Jesús?

Audiencia con el Rey

Querido Dios, gracias por el privilegio de poder acercarme a tu presencia con libertad. Gracias por el regalo de tu amistad. Este año quiero que mi amistad contigo crezca cada día.

Encuentro 3

IMPOSIBLE DE CLONAR

Isaías 49:1 *El Señor me llamó antes de que yo naciera, en el vientre de mi madre pronunció mi nombre.*

Hace quizás muchos años participabas en una carrera. Sí, tú. Estabas en una competencia con otros millones de participantes. Sí, leíste bien. Llegó el momento de la partida. Por unos canales movedizos se desarrollaba la carrera. Ibas a la par con otros miles, dos veces perdiste la primera posición. Pero llegó el momento final, te acercabas a la meta y te adelantaste como nadie más. Cruzaste la pared biológica del óvulo de tu mamá y ganaste, ¡fuiste concebido! Si era otro el espermatozoide hubieras sido otra persona. Quizás tu hermano o tu hermana u otro que nunca conociste pero no, fuiste tú. Un milagro del éxito. Quizás tu papá o tu mamá no te esperaban pero la buena noticia es que ¡Dios sí! Aún hoy que se habla de clonación nadie podría ocupar tu lugar. Podrán copiar tu cuerpo y tus genes, pero no tus experiencias y mucho menos tu espíritu. De eso no hay duda, solo Dios puede darlo. Yo escucho muchas discusiones acerca de la moral de la clonación. No quiero hablar ahora acerca de eso, pero siempre pienso: Soy imposible de clonar, el mundo puede descansar en paz.

Una de mis películas favoritas es «Corazón valiente». En una de las escenas Wallace, protagonizado por Mel Gibson, mira a sus guerreros y les dice: «Todo hombre muere, pero no todo hombre realmente vive». Wallace tenía razón. Hay un propósito para tu existencia y Dios te dio la vida para que cumplas con esa misión. Nadie más puede hacerlo. Ni siquiera el clon más exacto podría hacer todo lo que tú puedes hacer porque Dios te hizo único y preciso para hacer tu aporte. ¿Te empiezas a sentir especial? ¡Muy bien! «Eres especial». Es hora de que te lances a la preciosa aventura de llegar a ser todo lo que Dios quiere que seas y hagas en este mundo.

Punto de reflexión

¿Por qué soy una persona única?
¿Cuál es la bendición de ser únicos?

Audiencia con el Rey

Señor, gracias porque tú sabes todas las cosas. Tú me conoces desde antes de la fundación del mundo y desde que nací estás atento a mi vida. Hoy entiendo que tengo que afectar con tu presencia la vida de los demás.

Encuentro 4

LOS SUEÑOS SON COSA SERIA

Ezequiel 12:23 *Ya vienen los días en que se cumplirán las visiones.*

Es muy fácil minimizar los sueños. Si los tomamos como algo sin importancia los sueños perderán su poder y potencial. Muchas voces a tu alrededor van a sugerir que es más acertado hacerle caso a los realistas y a los prácticos. Los visionarios suelen ser personas que incomodan a otros cuando deciden hablar de sus sueños y mucho más cuando se cumplen. Es por eso que muchos prefieren anular las visiones de los soñadores. Todos los que cumplieron sus sueños tuvieron que callar esas voces que los invitaban a pensar que no eran cosa seria. Por eso, la clave para que los sueños no se deshagan es tomarlos muy en serio.

Un breve sueño bien concebido puede desencadenar una potente fuerza creadora en otras personas y así, sueño a sueño, se pueden transformar mil realidades. De todas las características que poseemos, soñar es una de las más semejantes a la imagen de Dios. No somos solo un cúmulo de moléculas ni de células; tampoco una suma de instintos repetibles innatamente. Podemos soñar y eso es algo seriamente planeado por Dios. Él nos dio esa capacidad como rasgo fundamental de nuestra creación. Soñar equivale a crecer, conquistar, crear, arreglar y mejorar. Los sueños son una energía necesaria para mantener y refrescar la creación a nuestro derredor. Ellos nos permiten ver lo invisible, creer lo increíble y lograr lo imposible. Por eso es que cuando soñamos podemos sentirnos completos en el Señor. Los sueños muchas veces son revelaciones de Dios, por eso hay que encararlos con pasión, compromiso y esfuerzo. Si así lo hacemos, vendrán los días en que se cumplirán estas visiones.

Punto de reflexión

Cuando sueñas despierto, ¿qué es lo que más anhelas?
¿Por qué a Dios le gusta que soñemos?

Audiencia con el Rey

Querido Dios, gracias por darme la capacidad de soñar. Permíteme superar las voces que solo tienen el interés de ahogar mis sueños. Necesito que me des fuerzas para persistir en alcanzar todo lo que tú pongas en mi corazón.

Encuentro 5

Lo voy a lograr

Hebreos 10:36 *Ustedes necesitan perseverar para que, después de haber cumplido la voluntad de Dios, reciban lo que él ha prometido.*

Hay una frase que dice: «Los sueños extraordinarios se vuelven realidad cuando alguien ordinario tiene una extraordinaria cantidad de determinación». Muchos se quedan estancados sin alcanzar su potencial porque aun antes de empezar ya toman una decisión inconsciente de fracaso. En vez de pensar: «Lo voy a lograr», desarrollan una idea o un proyecto pensando: «Bueno, voy a ver qué pasa, seguro que como siempre va a salir mal, pero de todas formas voy a intentarlo». Esa decisión inconsciente ya predijo bastante el resultado de su intento. Estas personas piensan una y otra vez acerca de cuán «ordinarios» son, ¡qué novedad! Todos somos iguales de ordinarios. ¡Somos pecadores, tenemos limitaciones, cometemos errores y vamos al baño! La clave no está en saber cuán ordinarios somos, sino en el esfuerzo extra que debemos hacer para lograr lo extraordinario.

El escritor de Hebreos nos insiste en la perseverancia. Él sabía la necesidad de perseverar, en llevar a cabo los sueños que Dios nos da para poder disfrutar al máximo de sus promesas. Es un hecho que no vamos a perseverar si inicialmente tenemos una actitud negativa y fracasada. Te hago una propuesta; al terminar este devocional haz un listado de diez cosas que deseas y al lado de cada línea escribe: «Lo voy a lograr». En este ejercicio no pongas condiciones ni dudas, escribe lo que está en tu corazón creyendo que lo vas a lograr, pase lo que pase. Luego, antes de escribir nada más, ten tu audiencia con el Rey.

Punto de reflexión

¿Tengo una actitud positiva cuando inicio mis sueños y proyectos?
¿Qué significa para mí perseverar?

Audiencia con el Rey

Querido Rey, quiero que me ayudes a tener una actitud positiva respecto a los sueños. Gracias porque no quieres que seamos unos fracasados, sino que te alegras cuando tenemos sueños hermosos. Sigue dándome más determinación para hacer mi parte.

Encuentro 6

Disciplinópulos

Hebreos 12:11 *Ciertamente, ninguna disciplina, en el momento de recibirla, parece agradable, sino más bien penosa; sin embargo, después produce una cosecha de justicia y paz para quienes han sido entrenados por ella.*

El conocido pensador Henry Nouwen solía destacar que discípulo y disciplina son la misma palabra. Ser discípulos y amigos de Cristo significa que queremos vivir como él nos enseñó. Parte de esa enseñanza es: «Amar al que es rechazado, resistir la tentación, ayudar al necesitado y llevar en alto nuestros valores».

Pero solo podremos vivir así si nos dedicamos a las mismas disciplinas que Jesús practicó. Muchos le tienen miedo a esta palabra porque la confunden con castigo. La diferencia entre una y otra es que el castigo es una paga por el pasado, mientras que la disciplina es un esfuerzo por el futuro. Entre las disciplinas que Jesús practicó claramente podemos enumerar: «Apartar un tiempo para reflexionar y orar, meditar, adorar a Dios en la soledad, darse a otros sin esperar nada a cambio, contentarnos y ser agradecidos aunque no tengamos todo lo que queremos», estas entre otras de las cuales él hizo su estilo de vida. Si el mismo Jesús necesitaba estar siempre en contacto con el Padre y meditar en su presencia cada decisión para mantenerse en firmeza espiritual, cuánto más nosotros. Si creemos en Cristo tenemos que vivir como él.

Para eso nació este libro. Fue escrito para ayudarte a entender que la reflexión y la oración deben convertirse en un hábito imposible de abandonar, en otras palabras: «Debe ser la disciplina de un discípulo». En ocasiones resultará difícil y muchas veces otras cosas van a tratar de distraerte. Pero persiste. Ten este libro siempre a tu alcance y recuerda que las mismas disciplinas que Jesús practicó te ayudarán a vivir como él.

Punto de reflexión

¿Qué disciplinas puedo añadir a mi vida?
¿Cómo puedo convertirlas en hábitos?

Audiencia con el Rey

Señor, muchas veces oro y canto que quiero vivir como tú en la tierra. Hoy creo que para lograrlo tengo que sumar a mi vida los mismos hábitos que tenías.

Encuentro 7

ESPEJOS

1 Corintios 13:12 *Ahora vemos de manera indirecta y velada, como en un espejo; pero entonces veremos cara a cara.*

Mis padres me llevaban con mis amigos a un parque de diversiones que tenía un salón de espejos. Se trataba de unos pasillos donde se podía caminar entre espejos deformantes. En ellos podía verme más alto, más bajo, con cabeza grande, piernas cortas, regordete y tantas otras figuras más. Era muy divertido ver a mis amigos de formas tan raras y exageradas, aunque cuando ellos se reían de mí no lo parecía. El último espejo del salón era normal. Allí volvías a verte de tu tamaño y forma natural.

Durante la adolescencia nos gusta mirarnos en el espejo. Algunos pasamos horas tratando de tapar algo que apareció justo en la noche equivocada y viendo si al final este peinado nos va a quedar mejor. Es que la adolescencia es la época de ir conociendo quiénes somos, cómo somos, qué nos gusta y qué nos queda mejor. Por eso también nos vemos en el espejo de los amigos, en el llamado televisión, el de la fantasía y otros.

Pero hay un solo espejo en el que podemos mirarnos y vernos tal cual somos. Es en el espejo de Dios, en él nos vemos cara a cara. Allí podemos encontrar nuestra verdadera belleza y también ver claramente qué cosas podemos cambiar para ser mejores. Los otros espejos son imperfectos, quizás hasta deformantes. Van a exagerar algo de tu persona, no porque el reflejo sea real sino porque algo hay en ellos que es imperfecto.

Muchas veces me dejé convencer de lo que decían de mí algunos en la escuela. Conocí a otros que siempre se miraron en el espejo de las palabras hirientes de sus padres. Tenía una amiga que vivía comparándose con lo que veía en las revistas. Mirarnos en espejos deformantes nos hace tener una imagen pobre y errónea de nosotros mismos.

Punto de reflexión

¿De dónde tomo las ideas que tengo acerca de mí?
¿Cuánto me dejo llevar por lo que otros dicen de mí?

Audiencia con el Rey

Querido Dios, ayúdame a no dejarme engañar por espejos deformantes. Leo este libro para verme más en tu espejo. Ayúdame a conocerme y a tener una imagen sana y clara acerca de mí.

Encuentro 8

LA MEJOR AUTOAYUDA

Filipenses 2:4 *Cada uno debe velar no sólo por sus propios intereses sino también por los intereses de los demás.*

A primera vista este consejo bíblico parece estar enfocado solo en el servicio a otras personas. Pero no es así. Si uno mira a la gente egoísta se da cuenta que tienen pocos amigos y les cuesta conseguir ayuda cuando enfrentan problemas. En cambio, la persona que ayuda a otros es siempre la más querida y la que con facilidad encuentra colaboración. Definitivamente la mejor manera de conseguir ayuda para tus problemas es ayudar a otros a solucionar los suyos. Si damos, recibiremos. Si somos personas que siempre piden, demandan, ruegan y solo se concentran en sus propios intereses terminaremos cansando a los demás y poco a poco quedaremos solos. Por eso, según el consejo bíblico, creo que la mejor autoayuda es crecer de modo que seamos personas que den, inviertan, apoyen, escuchen y hagan todo lo necesario para ayudar a otros. De esa manera seremos amados y tendremos ayuda cuando enfrentemos problemas. Es doblemente excelente cuando sentimos que en verdad somos de ayuda a otras personas porque no solo es bueno para ellas sino que como un bumerán la ayuda vuelve a nosotros.

Punto de reflexión

¿Soy una persona que vela solo por sus propios intereses o me preocupo en ayudar a los demás?

Audiencia con el Rey

Señor, líbrame del egoísmo de nuestra época. Ayúdame a velar también por los intereses de los demás, amén.

Encuentro 9

NADA GRANDE SE HACE DE REPENTE

Mateo 25:21 *Su Señor le respondió: «¡Hiciste bien, siervo bueno y fiel! En lo poco has sido fiel; te pondré a cargo de mucho más!»*

Estás estudiando y te preguntas: ¿Qué tiene que ver esto con mi futuro? Te voy a dar la respuesta: Todo. Esa materia o esa actividad que tanto te cuesta no será lo último que tengas que enfrentar y que no sea de tu agrado. Hoy mismo tendrás que serle fiel a algo que rendirá su recompensa en el futuro. Tienes que sobreponerte y actuar con responsabilidad. Más allá del título de la materia o de la cara monstruosa que viene a tu mente hay un desafío que debes superar. Se trata del conocido juego: «¡Siempre tienes que hacer algo que no te agrada!» Las personas que viven escapando de este desafío y se quedan en la queja, pierden. El secreto está en ser fiel en lo poco para alcanzar lo mucho. Jesús lo afirmó en la parábola de las monedas de oro. A uno el Señor le dio cinco mil monedas y las multiplicó. A otro dos mil monedas y también las multiplicó. Pero hubo uno que no supo ser fiel con lo que le había tocado y por eso perdió la oportunidad de tener más. No importa cuánto tienes en tus manos hoy, da lo mejor de ti. Si cultivas esta actitud, verás cómo el Señor te va encargando de más y más cosas.

Muchos fracasan porque quieren empezar al revés. Dicen: «Voy a hacer las cosas bien cuando llegue mi verdadera oportunidad». O quieren figurar cuando hay luces, micrófonos y aplausos por delante pero no saben poner el hombro cuando hay que hacer a diario cosas pequeñas e insignificantes. Esto es un error. Ser personas responsables no se logra de la noche a la mañana. Todos tenemos que aprender el trabajo arduo y la responsabilidad especialmente cuando no nos gusta lo que hacemos ya que muchas veces es necesario pasar por circunstancias adversas para llegar a hacer algo realmente grande.

Punto de reflexión

¿Cuáles son las cosas en las que necesito esforzarme más?
¿Qué puedo hacer al respecto?

Audiencia con el Rey

Querido Padre, quiero que un día me digas que soy un siervo bueno y fiel. Sé que debo trabajar con lo que tengo a la mano, para aprender a lograr cada día más; te pido tu ayuda para hacerlo con fidelidad.

Encuentro 10

Amigos del alma

Gisela Ramos
California, Estados Unidos

Proverbios 17:17 *En todo tiempo ama el amigo; para ayudar en la adversidad nació el hermano.*

Mis amigos abarcan toda clase de géneros, tamaños, colores y edades. Toda mi vida viví en una pequeña ciudad al sur de Buenos Aires, Argentina, y tenía un montón de amistades de oro. Había llegado al punto perfecto (o así lo creía) de mi vida, tenía toda la diversión que quería cuando mi papá tuvo que buscar trabajo en lugares bastante alejados ¡Más de 15,000 km! Un día nos dijo que íbamos a mudarnos a Estados Unidos. Pensé que mi mundo se derrumbaría y que no volvería a sonreír. Muchos me decían que Dios tenía un propósito para mi vida, pero no podía creer cómo podía hacer algo tan feo como separarme de mis «hermanos del alma». Ahora, después de un año de estar en Estados Unidos, veo que hubo al menos tres motivos importantes:

Poner a Dios en primer lugar, ya que muchas veces iba a la iglesia solo para ver a quién iba a encontrar (¿Te resulta familiar esta posición?)

Descubrir quiénes eran mis verdaderos amigos; aquellos con los que sigo en contacto por teléfono, e-mail, carta y oración. Ellos siguen siendo mis amigos del alma.

Hacer más amigos de los que nunca soñé y bendecirlos con el amor de Dios.

Le doy gracias a Dios que me permitió esta prueba y me acompañó a través de ella. También le agradezco por los amigos que me dio y me da todavía. Y especialmente por la mejor amistad, la que tengo con él.

Punto de reflexión

¿Alguna vez tuviste que hacer algo que te diera miedo y al final fue de bendición?

Audiencia con el Rey

Dios, infinitas gracias por todos los amigos y hermanos que me has regalado. Bendícelos con tu amor y permíteme ayudarlos a que su relación contigo siga creciendo. Amén.

Encuentro 11

UN INGREDIENTE QUE NO PUEDE FALTAR

Hebreos 6:12 *Imiten a quienes por su fe y paciencia heredan las promesas.*

Es un ingrediente que en la receta del éxito nunca puede faltar. Fue clave en todas las conquistas humanas y también en los hechos divinos. Sigue siendo un condimento que permite que todavía Dios nos hable, perdone y entienda. Para tener victoria en cualquier área de la vida no puede faltar; sin embargo, en muchas personas escasea en proporciones alarmantes. Algunos que la han tenido no pueden estar seguros de mantenerla, siempre hay que buscarla como un tesoro preciado. Es... ¡la paciencia! Sin ella muy poco se puede lograr. El apóstol Santiago nos exhorta a tener por sumo gozo cuando nos hallemos en diversas pruebas, porque la prueba de la fe produce paciencia. Él lo decía porque es un ingrediente que no puede faltar en el cristiano que quiere tener una vida victoriosa. Santiago entendía el valor de la paciencia y tenía en alta estima esta virtud ya que el resultado de la prueba en el cristiano, es la paciencia. Esta nos permite que una obra, un trabajo o una vida lleguen a buen termino. ¿Cómo tener paciencia? La Biblia nos enseña que es fruto del Espíritu Santo (Gálatas 5:22). Por lo tanto, si estamos en comunión con el Señor, esta característica de su Espíritu va a empezar a nacer en nosotros.

Punto de reflexión
¿En qué nivel se encuentra mi tanque de paciencia?

Audiencia con el Rey
Señor, hoy quiero pedirte que me ayudes a ser más paciente. A veces es difícil esperar sin enojarse o cometer errores por el apuro, por eso te pido que tu Santo Espíritu produzca un precioso fruto de paciencia en mi vida.

Encuentro 12

Living LA VIDA LOCA

1 Corintios 2:14 *El que no tiene el Espíritu no acepta lo que procede del Espíritu de Dios, pues para él es locura.*

¿Qué pensarías de alguien que se pusiera a construir un trasatlántico en el desierto de Bolivia o de un israelita que fuese a la capital de un país árabe a decirles a sus habitantes que se arrepientan de sus ataques terroristas a Jerusalén? ¡Estos cantarían: *Living* la vida loca! Sin embargo, hubo casos en que ciertas personas hicieron algo similar en cumplimiento a la orden recibida de Dios. Noé construyó un barco en medio del desierto y Jonás fue a predicarles arrepentimiento a los enemigos de su pueblo.

Nuestro grandioso Dios, al que en algunas oportunidades tratamos de encerrar en el frasco de lo posible o en el envase de lo lógico, muchas veces nos pide que hagamos cosas que se oponen totalmente a nuestras expectativas y a las que los demás tienen de nosotros. Él tiene planes maravillosos para nuestras vidas pero muchas veces somos nosotros los que le cortamos la inspiración porque nos parecen muy locos.

Pensar que nuestros amigos se van a convertir, que las cosas en casa van a cambiar, que vamos a lograr esto o lo otro en nuestra iglesia parece una locura. Es entonces cuando preferimos pisar el seguro, aunque mediocre, terreno de la lógica. Cuando nos vienen ideas maravillosas que no sabemos cómo aparecieron, lamentablemente muchos empezamos a analizar si convienen, si lo sentimos, si es posible, si esto, si lo otro... Ser cristianos es para locos por Dios. Ninguno de los hombres y mujeres de Dios que marcaron la historia cuestionó si era lógico lo que les pedía. Ellos solo tuvieron una determinación: «Heme aquí, envíame a mí».

Punto de reflexión

¿Qué significa estar locos por Dios?

¿Te has animado a hacer algo que Dios te pidiera aunque pareciera una locura?

Audiencia con el Rey

Querido Señor, muchas veces servirte ha significado locura para el mundo y aun para muchos de nuestros hermanos, pero yo quiero seguir sirviéndote.

Encuentro 13

Rescate completo

Marcos 10:45 *Porque ni aun el Hijo del hombre vino para que le sirvan, sino para servir y para dar su vida en rescate por muchos.*

Era un 6 de julio al atardecer y la playa de Pensacola, Florida, invitaba a quedarse más tiempo. Las olas del golfo eran suaves y Jessie Arbogast tenía un inigualable momento *kodak*. Su hermana y algunas amigas se habían metido más hondo, pero para un chico de ocho años ya era suficiente. De repente y de la nada algo enorme le dio un fuertísimo tirón en su brazo. Jessie empezó a gritar: ¡Me agarró, me agarró! En la playa estaba su tío Vance Flosenzier, que viendo la sangre alrededor del cuerpo de su sobrino no dudó que algo terrible estuviera sucediendo. Él y otro hombre corrieron hasta el muchacho cuando notaron a un tiburón tirando del brazo del niño y listo para escapar. Viendo a Jessie y sabiendo que a unos metros estaban las niñas, el tío tomó fuertemente al tiburón por la cola y empezó a luchar para sacarlo del agua. Los gritos de ¡Tiburón! ¡Tiburón!, se escucharon por toda la playa. La tía del niño lo tomó en sus brazos y lo sentó en la orilla para descubrir la terrible condición de Jessie. La mordida del tiburón le había sacado el brazo desde la coyuntura del hombro. Unos turistas llamaron al 911 (número de emergencia) y a los pocos minutos un helicóptero del Hospital Bautista llegó en auxilio. El tiburón tenía convulsiones y luchaba por sobrevivir fuera del agua. Los paramédicos y la familia buscaban desesperadamente el brazo de Jessie. Uno de los paramédicos sugirió que podría estar todavía dentro del tiburón. Trataron de abrirle las mandíbulas con un bastón y efectivamente allí estaba. Jessie estaba quedándose sin sangre por lo que decidieron llevarlo antes de sacar el brazo del interior del animal. Jared Klein de la guardia de parques nacionales fue quien decidió dar cuatro disparos al tiburón para sacar el brazo de su interior. Para ese momento Jessie ya estaba en el hospital. Mientras lo bajaban por el elevador, los doctores y enfermeras le inyectaban sangre del tipo «O negativo» en grandes cantidades. La ambulancia con el brazo llegó minutos después. Los doctores tomaron el brazo inmóvil, pero dieron gracias a Dios de que estaba intacto y no despedazado. Huesos, nervios, arterias, músculos y venas tuvieron que ser entrelazadas nuevamente. Doce horas trascurrieron en la sala de cirugía hasta que Jessie fue llevado a un cuarto de recuperación.

Si no hubiera sido por su tío Vance Flosenzier, Jessie habría perdido su brazo y hasta quizás muerto. Agarrar a un tiburón hambriento por la cola y sacarlo del agua no es un acto común. Sin duda que ese día dividió la historia de Jessie y su familia. Los hechos fueron relatados en los principales medios de comunicación de los Estados Unidos y Vance fue elogiado como un héroe nacional por la prensa.

Algo así nos ha sucedido a nosotros. Estábamos atrapados en las mandíbulas del diablo, pero Cristo se lanzó a la playa de la muerte para rescatarnos. Satanás nos ha lastimado y muchas veces nos sentimos quebrados. Pero Cristo no descansa hasta que podamos estar completos en él. Así como Jessie va a estar agradecido toda la vida a su tío, tenemos que estar agradecidos eternamente por lo que Jesús hizo por nosotros.

Punto de reflexión

¿En qué se parece lo que hizo Vance por Jessie a lo que Cristo hizo por mí? Si estuviera en el lugar de Jessie, ¿cómo le agradecerías a tu tío Vance?

Audiencia con el Rey

Gracias Jesús por tu rescate. Gracias por morir en la cruz para rescatarme del pecado, de la soledad y de vivir solo por las apariencias. Ahora quiero ser alguien valiente que esté contigo para salvar a otras personas.

Encuentro 14

Derrumba los muros

Hebreos 11:30 *Por la fe cayeron las murallas...*

Daban vuelta en silencio. El surco de las pisadas en el barro se hacía cada vez más profundo. Era duro no poder hablar y más difícil no estar seguro de cuál era la táctica que su comandante Josué estaba siguiendo. Hacía seis días que daban vueltas alrededor de los muros de Jericó y ahora en el séptimo tenían que dar siete más. Los días anteriores fueron diferentes. Mientras daban la vuelta se podían escuchar las trompetas de los sacerdotes, pero esta vez todo tenía que permanecer en silencio hasta la vuelta número siete. A la séptima vuelta, tal como Josué lo había ordenado, sonaron las trompetas y todo el ejército de Israel empezó a gritar a gran voz. En instantes los gritos, los cuernos y las trompetas se mezclaron con el estruendo de los muros de la ciudad que empezaron a derrumbarse. Fue todo un desconcierto para Jericó, las tropas israelitas entraron con el mismo estrépito y pronto la cuidad estaba arrasada. Ni ellos entendían lo que había sucedido. Era evidente que la estrategia no era humana. Dar vueltas por siete días y el último armar un alboroto para que se cayeran los muros de una de las ciudades más grandes de Canaán no estaba en los cálculos de nadie. No quedaba duda que la táctica no era iniciativa de Josué sino que venía del comandante de los cielos. Todos sabemos que a él le gusta mostrarnos que no son las tácticas ni las habilidades humanas las que pueden ganar las batallas del pueblo de Dios. Él nos sigue insistiendo que es por la fe y la obediencia que podemos alcanzar la verdadera victoria. Eso fue lo que tuvo Josué para darle la orden al pueblo. Fe y obediencia fue lo que tuvo el pueblo al marchar en silencio y eso es lo que debemos tener si queremos que se caigan los muros de Satanás a nuestro paso.

Alguien me dijo: «Arroja el corazón del otro lado de la pared y el resto lo seguirá». El corazón de Josué ya había visto las paredes caer. No dudó de las aparentemente locas estrategias de Dios y puso su corazón del otro lado del muro. Pronto todo el pueblo lo siguió.

Punto de reflexión

¿Cuáles son las murallas que hoy se interponen para que conquistes lo que Dios quiere de ti? ¿Qué te dice el espíritu hoy?

Audiencia con el Rey

Querido Señor, quiero tener fe y ser obediente y poner mi corazón del otro lado de las murallas. Hoy voy a tener presente esta enseñanza.

Encuentro 15

SPARKY, UN PERDEDOR

Romanos 8:37 *Somos más que vencedores por medio de aquel que nos amó.*

Había un muchacho al que sus compañeros de escuela le decían Sparky porque se parecía a un personaje de historietas famoso en Estados Unidos. El joven odiaba ese nombre, pero se lo dijeron tanto que al cabo del tiempo se acostumbró.

A «Sparky» no le iba nada bien en la escuela. Todas las materias le parecían muy fuertes, en especial física. También le iba mal en los deportes, por lo que sus compañeros lo consideraban un increíble caso perdido y no le prestaban mucha atención. Socialmente Sparky parecía un perdedor profesional. No tenía amigos fuera del horario escolar y ni hablar de que nunca invitaba a una chica a salir por miedo a ser rechazado. Pero Sparky tenía un hobby que siempre llamaba la atención: le gustaba dibujar caricaturas y tiras cómicas.

Cuando estaba terminando la secundaria trató de que algunos de sus dibujos fueran publicados en el anuario de la escuela, pero fueron rechazados. Claro que pese a todo eso siguió dibujando. Su sueño era trabajar para Walt Disney, por lo que cuando se graduó les envió una carta con muestras de sus trabajos. Esperó por largo tiempo la respuesta hasta que un día llegó una carta diciéndole que no tenían trabajo para él. Se entristeció aunque no se sorprendió; de modo que decidió crear un personaje propio y empezar a vender sus tiras de dibujos cómicos.

Su creación fue Snoopy y Charlie Brown. «Sparky» era el apodo de Charles Monroe Schultz, que llegó a ser uno de los caricaturistas más respetados del mundo. Con sus personajes se creó un parque llamado «Knotts Berry Farm», que en el sur de California es una de las máximas competencias de Disneylandia recibiendo a millones de visitantes por año. En la ciudad donde nació, hoy Sparky es considerado una celebridad.

Punto de reflexión

A pesar de tener todo en contra, muchas personas se esforzaron y batieron todos los pronósticos. ¿Cuánto más es posible por medio de aquel que nos amó eternamente? Con él siempre seremos ganadores.

Audiencia con el Rey

Señor, a mí tampoco me gustan los sobrenombres y las burlas que me lastiman. Pero no voy a hacerles caso nunca y voy a considerarme siempre una persona ganadora porque te tengo a ti. Ayúdame a salir adelante como lo hizo Schultz.

Encuentro 16

DE MÁS VALOR QUE EL DINERO

Efesios 5:16 *Aprovechando al máximo cada momento oportuno, porque los días son malos.*

El tiempo es más valioso que el dinero porque esencialmente es irreemplazable. Tu generación tiene quizás más ocupaciones que ninguna otra a tu edad. Clases, deberes, gimnasio, iglesia, piano, nintendo, maratones de fin de semana, sueños, etc., etc., etc. ¡Y solo tienes veinticuatro horas cada día!

En mi adolescencia iba a muchos campamentos y, aunque te rías, mi mamá me hacía el equipaje. Me llevaba un bolso superordenado con todas las cosas que necesitaba. Cuando terminaba el campamento y tenía que hacer el bolso para volver a casa, nunca cabían las cosas. Me preguntaba: «¿Por qué todo entraba cuando mi mamá lo arreglaba y ahora no?» La diferencia era que ella organizaba y doblaba cada prenda con cuidado y yo metía todo en un rollo. Lo mismo sucede con el tiempo. Cuanto más organizado lo tengamos, de más espacio dispondremos para hacer cosas.

La organización del tiempo tiene que ver con seleccionar prioridades. ¿Qué es lo más importante? ¿Qué me ayudará a llegar más lejos? ¿Cuál actividad tendrá un mejor resultado a largo plazo? Uno de los hábitos más notables de las personas sobresalientes es que saben organizar sus prioridades. Muchas veces sacrificamos lo importante por hacer cosas que aparentan ser urgentes pero no son nada relevantes. La mejor forma de organizar nuestros días es con una agenda en la que debemos definir las prioridades. Haz una lista y enumera, de uno a diez, las cosas más importantes que debes hacer; luego vuelca eso de manera visible en la agenda. Si le das más tiempo a la número nueve que a la número uno, algo falla. Si crecer espiritualmente es lo más importante en tu vida, pero solo le dedicas a Dios los domingos en la mañana, no vas a crecer como deseas. Si es importante terminar tus estudios cuanto antes, mirar la televisión toda la noche no te va a ayudar. La tierra está llena de jóvenes, adolescentes y adultos que se quedaron atrapados en la mediocridad por no aprender a usar bien el tiempo. Fíjate que el tiempo es algo que a todos se nos ha dado por igual. Todos tenemos veinticuatro horas al día, pero unos saben administrar esas horas y otros solo las desperdician.

Punto de reflexión

¿Cómo administro mi tiempo y qué puedo hacer al respecto? ¿Cómo se refleja mi orden de prioridades en el tiempo que le asigno a cada cosa?

Audiencia con el Rey

Señor, ayúdame a administrar mejor el tiempo que tengo. Quiero ser una persona que tenga bien organizadas sus prioridades para sobresalir.

Encuentro 17

El valor del tiempo

Víctor Guevara.
Puebla, México.

Eclesiastés 3:1 *Todo tiene su momento oportuno; hay un tiempo para todo lo que se hace bajo el cielo.*

Para darte cuenta del valor de un año, pregúntale a alguien que reprobó su año escolar.
Para darte cuenta el valor de un mes,
Pregúntale a una madre que dio a luz a un bebé prematuro.

Para darte cuenta del valor de una semana,
Pregúntale al editor de una revista semanal.
Para darte cuenta del valor de un día,
Pregúntale a un obrero que tiene seis hijos que alimentar.

Para darte cuenta del valor de una hora,
Pregúntale a dos enamorados que esperan por verse.
Para darte cuenta del valor de un minuto,
Pregúntale a alguien que acaba de perder el tren.

Para darte cuenta del valor de un segundo,
Pregúntale a uno que haya sobrevivido un accidente automovilístico.

Para darte cuenta del valor de un milisegundo,
Pregúntale a alguien que haya ganado la medalla de plata en los cien metros.

Anónimo.

Punto de reflexión
¿Estoy valorando bien el tiempo?
¿Cómo querrá Dios que use mi tiempo?

Audiencia con el Rey
Querido Rey, gracias por cada día y cada momento que me permites vivir. Quiero aprender a valorar bien el tiempo y a partir de hoy usarlo con inteligencia.

Encuentro 18

LAS PEORES IDEAS DEL SIGLO

Proverbios 3:1-2 *Hijo mío, no te olvides de mis enseñanzas; más bien, guarda en tu corazón mis mandamientos. Porque prologarán tu vida muchos años y te traerán prosperidad.*

A finales de 1999 la renombrada revista *Time* preparó varios números especiales resumiendo los eventos y detalles más destacados del siglo pasado. En una de estas ediciones publicó una lista de las peores cien ideas del siglo XX, según ellos. En ella figuraban:

El queso en aerosol
Los e-mails en cadena
El muñeco Barney
La Pepsi crystal y la nueva Coke
Rocky 5
Las líneas telefónicas síquicas
Michael Jordan como jugador de béisbol
Implantes de senos
Bikinis para hombres
El telemarketing

La Biblia también tiene su lista.
Se trata de las peores ideas del universo. En esta figuran:
Desobedecer a Dios
Considerarnos sabios en nuestra propia opinión.
El amor al dinero
El sexo sin compromiso matrimonial.
Las mentiras
Amar las cosas del mundo
La venganza
El chisme disfrazado de pedido de oración.
Darle lugar al diablo
Y la pereza.

Punto de reflexión

¿Alguna de estas peores ideas del universo andan dando vuelta por mi vida?

Audiencia con el Rey

Querido Rey, gracias porque al seguir tus estatutos podemos ser personas sabias y entendidas. Hoy quiero comportarme como alguien inteligente que no da lugar a ninguna idea con la que no estés de acuerdo.

Encuentro 19

Termómetros y termostatos

Romanos 12:21 *No te dejes vencer por el mal; al contrario, vence el mal con el bien.*

Los termómetros sirven para medir la temperatura. Dondequiera que los pongas no tardarán en realizar su función. Los termostatos son diferentes. Son dispositivos que se usan para variar la temperatura. Si hace frío, regulando el termostato el ambiente se calienta. Si hace calor, el termostato pone más frío.

Mucha gente es como los termómetros. Se sienten según como esté el ambiente. Si todos están animados, ellos lo están. Si los demás se quejan o son mediocres ellos asumen la misma posición. Dios nos exhorta a ser termostatos. Nos llama a que podamos cambiar el ambiente de forma positiva. Si el ambiente no está adecuado, los termostatos lo regularizan. Si solo hay tristeza ellos ponen alegría. Si hay desconsuelo, aportan esperanza. Si hay rencor y envidia en el ambiente ellos lo cambian por amor y estímulo.

Los jóvenes termómetros se dejan influenciar de tal manera por el ambiente que su manera de actuar, pensar y sentir depende solo de con quién están y donde estén.

Los termostatos toman la iniciativa. Empiezan por cosas simples como por ejemplo no esperar a que los saluden, ellos lo hacen primero. No dependen del ambiente para hacer lo correcto, simplemente lo hacen. Si sienten que el ambiente no es el correcto no se quejan ni se desaniman sino que toman acción para cambiarlo.

Muchas veces escuché a alguien decir: «Nadie me quiere». Siempre fueron termómetros los que decían esto. Los termostatos dan amor a los demás y por eso es que también lo reciben. Ayudan a otros cuando lo necesitan y por eso es que reciben ayuda cuando son ellos los que necesitan algún favor.

Punto de reflexión

En términos generales, ¿Soy termómetro o termostato?
¿Cómo puedo cambiar el ambiente a mi derredor?

Audiencia con el Rey

Querido Dios, quiero vencer con el bien el mal. Ayúdame a ser como un termostato, para que pueda cambiar el ambiente a mi derredor.

Encuentro 20

RECIBIRÁN PODER

Hechos 1:8 *Pero cuando venga el Espíritu Santo sobre ustedes, recibirán poder y serán mis testigos.*

Las últimas palabras de Jesús antes de ascender nos dieron la mayor de las promesas: El cumplimiento de la venida del Espíritu Santo para arraigar en nuestros corazones aquellas convicciones, sentimientos y decisiones necesarias para hacer la voluntad de Dios.

Ya habíamos probado como raza caída que hacer la voluntad de Dios era imposible para nosotros. Es que cumplir con la ley del Señor sin la ayuda del Espíritu Santo es imposible. Si no contamos con su poder estamos destinados a tratar de vivir la vida cristiana con nuestras propias fuerzas. Muchas veces lo hacemos. Quizás no intencionalmente, pero todas las veces que descuidamos estar en conexión con el Señor cada día y cuando no tenemos una relación íntima con él interrumpimos el poder del Espíritu Santo fluyendo en nuestras vidas.

Un niño jugaba en la arena haciendo un gran castillo. En uno de los lados del pozo donde hacía su obra encontró una gran roca. Trató de moverla pero era demasiado grande. Trató de hacer otro pozo para sacarla pero fue en vano. No solo usaba sus manos sino también sus pies, pero todo fue en vano. Lleno de frustración el niño comenzó a llorar. Su padre lo vio y se acercó a preguntarle qué le pasaba. El niño le explicó lo que sucedía. El padre hizo un silencio y luego le preguntó: «Querido ¿Usaste toda tu fuerza?» El niño confundido le aseguró que sí. El padre lo abrazó con cariño y le dijo: «No querido, no usaste toda tu fuerza porque no me pediste ayuda».

Así hacemos cuando no recurrimos al Espíritu Santo para que nos dé las fuerzas necesarias para hacer lo que sabemos y lo que no nos conviene.

Punto de reflexión

¿Creo verdaderamente que Jesús puede darme poder a través del Espíritu Santo? ¿Qué piedras voy a mover con el poder del Espíritu Santo?

Audiencia con el Rey

Querido Rey, quiero contar siempre con tu poder para vivir mi vida cristiana. Sé que tengo que estar cerca de ti y alimentarme de tus fuerzas. Quiero que el poder del Espíritu Santo inunde mi vida.

Encuentro 21

Que las dudas se mueran de hambre

Hebreos 10:39 *Pero nosotros no somos de los que se vuelven atrás y acaban por perderse, sino de los que tienen fe y preservan su vida.*

Si alimentamos nuestra fe, las dudas que tengamos empezarán a pasar hambre hasta que se mueran. Se dice que había un hombre que tenía dos perros que daban miedo con solo mirarlos. Uno era un doberman y el otro un «manto negro» como los de la policía. El doberman era atlético y rápido mientras que el manto negro era grande como un burro. El hombre tenía a cada perro en un extremo diferente de la casa para que no pelearan. En cierta oportunidad, un vecino le preguntó qué sucedería si ambos perros se enfrentaban. ¿Cuál creía él que ganaría la contienda? El hombre sin dudarlo respondió: «El que esté mejor alimentado».

Así nos ocurre a nosotros. Tenemos la opción de darle de comer a la fe o a las dudas. Alimentamos la fe cuando vamos a la iglesia, nos unimos con amigos cristianos, hacemos preguntas en la congregación, leemos la Biblia y otros buenos libros. Alimentamos las dudas cuando andamos con quien no debemos, faltamos a la iglesia, escuchamos demasiado a personajes de los medios, nos rebelamos por popularidad y no separamos un tiempo devocional. El problema es que siempre llega la pelea de los perros y en esa ocasión ganará el que esté mejor alimentado.

Punto de reflexión

¿A quién estoy alimentando? ¿Qué puedo hacer para alimentar la fe?

Audiencia con el Rey

Querido Rey, hoy quiero comprometerme a alimentar la fe y no a las dudas. Ayúdame a afianzarme en mis convicciones y mi identidad cristiana.

Encuentro 22

CARÁCTER Y REPUTACIÓN

Proverbios 4:23 *Por sobre todas las cosas cuida tu corazón porque de él mana la vida.*

La reputación se puede construir, destruir y volver a levantar en un momento. En cambio el carácter es una obra de arte que lleva su tiempo. Si tomamos cuidado de nuestro carácter, este se va a encargar de nuestra reputación. El carácter tiene que ver con el corazón, las intenciones y las motivaciones. La reputación tiene que ver más con las opiniones de otros. Si nuestro corazón es limpio, aunque a veces hagamos cosas erróneas la limpieza del corazón no va a tardar en salir a la luz. Pero si nuestro corazón está sucio, aunque hagamos las cosas correctas durante un tiempo, no va a tardar en mostrarse. Si uno tiene sanas motivaciones tiene margen para equivocarse, pero si nuestras motivaciones son malas cualquier error puede lastimarnos y lastimar a otros seriamente. Una y otra vez tenemos que llevar nuestras motivaciones, por malas que sean, al Señor y pedirle que las cambie y limpie nuestro corazón. De eso se trata la confesión. La confesión es una avenida rápida para cuidar nuestro carácter y echar afuera el engaño. Si dejamos a Dios moldear nuestro carácter, él se va a ocupar de nuestra reputación.

Punto de reflexión

¿Qué diferencia hay entre el carácter y la reputación?
¿Cómo puedo trabajar y cuidar mi carácter?

Audiencia con el Rey

Querido Rey, quiero tener una buena reputación pero entiendo que al fin de cuentas ella depende de lo que soy en mi interior. Hoy quiero pedirte que sigas trabajando en mi carácter para que pueda ser una persona fuerte y segura.

Encuentro 23

Sobreviviendo el Tour de France

1 Corintios 9:26 *Así que yo no corro como quien no tiene meta; no lucho como quien da golpes al aire.*

El Tour de France es la carrera ciclística más importante del mundo. Prácticamente se trata de darle la vuelta a Francia. Los competidores hacen un trayecto de 3,630 kilómetros (2,287 millas) saliendo de París y terminando en los Campos Elíseos luego de veintiún etapas y casi un mes de competencia. El Tour de France es una carrera de extremas exigencias y demanda un excelente estado físico. Por eso fue que en ese año todos quedaron muy sorprendidos cuando Lance Amstrong aseguró que iba a participar. Aunque ya era considerado uno de los mejores ciclistas del mundo, Amstrong había sido diagnosticado con cáncer. Le había inundado todo el abdomen, los pulmones y el cerebro. Mientras estaba pasando por todos los tratamientos y sin saber si algún día iba a lograr competir estudió por separado cada tramo de la carrera y se entrenó como un desesperado tras lograr salir de esa etapa en ese infierno llamado cáncer. La meta la tenía clara. Ya había ganado importantes carreras, pero el Tour de France era la más importante de todas y debía ganarla. Sus médicos y su familia lo ayudaron a luchar con la enfermedad y luego de una temporada de dudas, trabajo, miedo y esfuerzo, Amstrong fue dado de alta para seguir compitiendo. Contra todas las apuestas y pronósticos Lance Amstrong se presentó y ganó el rally de los ciclistas y dejó al mundo de los deportes anonadado por su logro.

Esos días de quimioterapia y miedo debieron haber sido terribles. Ver las carreras por televisión o leer alguna revista especializada sin que estuviera su nombre entre los favoritos no le hacía ninguna gracia. Pero Amstrong no perdió la esperanza y a pesar de que no veía la posibilidad de alcanzar su meta, se entrenó seguro de participar en la carrera de sus sueños. Estudió cada parte del trayecto desde su cama y se entrenó en la casa con una bicicleta fija. Cuando los médicos le dieron la noticia de que el cáncer se había detenido y que estaba en condiciones de competir, Lance ya estaba listo para competir. Ganó en el año 1999 y en el 2000 lo volvió a hacer.

Punto de reflexión

¿Qué puedo aprender en mi vida espiritual del ejemplo de Amstrong?
¿Cómo puedo «entrenarme» aun cuando las metas parezcan lejanas?

Audiencia con el Rey

Querido Señor, antes los problemas y dificultades que ya me tocaron desde mi niñez y que todavía tengo que vivir quiero considerarme un sobreviviente y no una víctima. Quiero que me ayudes a no perder de vista mis metas y usar cada circunstancia con la esperanza de lograrlas.

Encuentro 24

BUENAS NOTICIAS

Lucas 2:10 *Pero el ángel les dijo: «No tengan miedo. Miren que les traigo buenas noticias que serán motivo de mucha alegría para todo el pueblo».*

Evangelio quiere decir «Buenas Noticias» y Jesús quiere decir «Salvador». Parece que se olvidan de eso los que viven predicando destrucción y castigo eternos. Es cierto que aquel que no se rinde al señorío de Cristo ahora, sufrirá las consecuencias actuales y eternas del pecado. Pero justamente predicar el evangelio se trata de contarle al mundo que hay una solución para nuestra naturaleza imperfecta, para nuestras dudas existenciales, para la soledad y para encontrarle un propósito a la vida. Cristo es la mejor noticia del universo. Dios vino al mundo a identificarse con nosotros y eso es motivo de fiesta y asombro como lo fue para los ángeles y pastores la llegada de Jesús.

Cuando tenía unos seis años, en mi iglesia dieron una película aterradora acerca de la Segunda Venida de Cristo. Entendí lo suficiente como para irme a casa temblando de miedo. Al día siguiente, al despertarme, noté que mi papá y mi mamá no estaban. Corriendo salté de la cama y comencé a revisar hasta el último rincón de la casa para ver dónde se habían metido. ¡No estaban! Me asusté y empecé a llorar. Corrí a la puerta de la calle y después de verificar que el auto estaba, fui a golpearle la puerta a los vecinos. Lloraba a gritos y no los oía hablar: «¿Qué pasa Luquitas?», me preguntaban. «Mi papá y mi mamá se fueron al cielo con Jesús y ustedes y yo nos quedamos y nos vamos al infierno», respondí. En ese momento aparecieron papá y mamá; estaban hablando con el vecino del otro lado de mi casa.

Las personas no van a acercarse al Señor con amenazas. Lo que Dios está buscando no es gente que le tenga terror y quiera escapar del infierno. Lo que desea son personas que lo amen y experimenten su salvación y poder. Verdaderos adoradores que tengan una relación cercana con él. Es cierto que hay un juicio, pero Dios no quiere que ninguno tenga que sufrir las consecuencias de la caída. Por eso envió un Salvador. Esa es la mejor noticia que podamos llevarle al mundo.

Punto de reflexión

Compartir el evangelio siempre es dar esperanza y buenas nuevas.

Audiencia con el Rey

Muchas gracias por el don de la salvación. Gracias porque es tu amor lo que nos atrae a ti y no el temor. Que podamos predicar esta noticia al mundo en el nombre de Jesús, Amén.

CUENTO CON ELLOS

Encuentro 25

Mateo 28:19 *Por tanto, vayan y hagan discípulos de todas las naciones…*

Cuenta una historia, que al poco tiempo de que Jesús ascendiera a los cielos el ángel Gabriel se acercó a preguntarle acerca de su experiencia en la tierra y de su plan de salvación.

—Mi Señor, habrás sufrido un terrible dolor por la gente de la tierra.

—Verdaderamente —respondió Jesús.

—¿Pero se enteraron de tu amor? ¿Saben por qué te dejaste crucificar? —le preguntó el ángel.

—Oh, no, todavía falta mucha gente por saber, pero tengo un grupo de amigos que se van a ocupar de que se enteren —le respondió Jesús.

Gabriel quedó perplejo, los rumores del cielo eran ciertos.

—¿Cuál es entonces el plan? —le insistió Gabriel.

—Bueno, le pedí a Pedro, a Santiago, a Juan y al resto de mis amigos que le cuenten a la gente y los hagan mis discípulos. Aquellos que reciban el mensaje irán y les dirán a otros, y así sucesivamente hasta que todos lo sepan y puedan aceptar mi regalo.

Gabriel lo miró con escepticismo. Sabía que los seres humanos no eran tan confiables como para dejar todo en sus manos, por lo que replicó:

—¿Y qué pasa si Pedro, Juan y los demás se olvidan o se cansan y en varios siglos la gente se ocupa tanto en otras cosas que pierden el interés en decirles a otros? ¿Tienes algún otro plan?

—No Gabriel —respondió Jesús— cuento con ellos.

Punto de reflexión

¿Cuál es la mejor manera de que nuestros conocidos más cercanos se enteren del amor de Dios?

¿Qué voy a hacer al respecto?

Audiencia con el Rey

Señor, perdóname porque muchas veces me olvido de que cuentas conmigo para contarle al mundo acerca de tu amor. Dame más celo para acercar tu salvación a las personas que me rodean. Gracias por contar conmigo.

Encuentro 26

A UNA GENERACIÓN DE MORIR

Lucas 24:47 *Y en su nombre se predicarán el arrepentimiento y el perdón de pecados...*

Se dice que la fe cristiana siempre está a una generación de la extinción. Es que cada generación tiene que renovar su responsabilidad de llevar las buenas nuevas del evangelio a su mundo en su tiempo. Siempre les digo, a los jóvenes de nuestra iglesia: «No conozco a tus compañeros de escuela, de trabajo ni a tus vecinos; yo puedo trabajar para que la iglesia sea atractiva, pero al fin de cuentas si tú no les hablas del Señor nunca van a recibirlo como el Salvador de sus vidas». Nuestros padres hicieron su parte, los pastores hacen la suya, pero si un joven se va a acercar al Señor es porque otro le muestra el camino. Los líderes adultos son poco creíbles para la mayoría de los adolescentes no cristianos. Hoy por hoy nadie confía en los líderes políticos ni en los religiosos. Es por eso que para que esta generación reciba el evangelio es indispensable que seas tú el que comunique esta gran verdad no solo con palabras sino con tu estilo de vida. Ellos tienen que ver que el cristianismo es posible y les conviene vivirlo. A veces dependemos demasiado de los grandes predicadores cuando la mejor manera de salvar una generación es que los cristianos de esa misma generación levanten la voz y proclamen el evangelio con seguridad y pasión. Si tu generación no toma en sus manos el liderazgo de la iglesia, es probable que se muera con tus viejos. Me da mucha pena ver congregaciones que solo crecen de acuerdo al índice de natalidad. El llamado a la evangelización es urgente y prioritario. Si respondes a este llamado cambiarás la historia de una generación y también de las que le siguen.

Punto de reflexión

¿Cuál es la mejor manera de evangelizar a mi generación?
¿Quién es verdaderamente el mejor instrumento para hacerlo?

Audiencia con el Rey

Querido Rey, gracias por las posibilidades que me das de ser útil en tus manos. Quiero pedirte por mi generación. Ayúdame a sentirme responsable por ellos y ser un agente de cambio para los de mi edad.

Encuentro 27

PELOTAS DE GOMA

1 Pedro 3:13 *Y a ustedes, ¿quién les va a hacer daño si se esfuerzan por hacer el bien?*

A Frank Dietz, ex capitán del Barco Doulos, embarcación que navega haciendo campañas evangelísticas a cada puerto que llega, le escuché decir que los cristianos debemos ser como pelotas de goma; «Cuánto más nos tiran contra el piso más alto debemos rebotar». Y es cierto. Con Cristo podemos superar cualquier interferencia de circunstancias o personas que traten de detener nuestro paso.

Hace poco estaba haciendo un ejercicio curioso: me puse a pensar cuántos «enemigos» había tenido en la vida. No encontré muchos que pudieran decir que habían sido realmente mis enemigos. Pero hallé a varios que con buenas o malas motivaciones trataron de hacerme algún mal o de impedir que me sucediera algún bien. Digo buenas o malas motivaciones porque varias veces me di cuenta de que no era que la otra persona tuviera una mala intención hacia mí, sino que esa persona era sincera en su error. Tenía un juicio equivocado de lo que yo era o quería hacer y por eso se oponía aunque creía que estaba haciendo lo correcto. En otros casos hubo personas de las que no tengo dudas que tuvieron malas intenciones. Al pensar en uno y otro lo que más me sorprendió es que en todos los casos esas personas terminaron mal y sin mi ayuda.

Cuando estamos en Cristo y haciendo su voluntad, por más que tengamos oposición en un primer momento, siempre terminaremos en victoria y nuestros enemigos en derrota. Puede que suframos por un poco de tiempo pero al final seremos más fuertes. Cuando hacemos el bien, cuánto más fuerte nos tiren contra el piso más alto vamos a rebotar.

Punto de reflexión

¿Por qué puedo tener esperanza de rebotar alto cuando me tiren contra el piso?

Audiencia con el Rey

Tú me acompañas en el sufrimiento y en la victoria. Gracias por la oposición porque me ayuda a crecer. Yo sé que si hago tu voluntad tus promesas se van a cumplir en mi vida sin importar quién o cómo se me opongan. Quiero que me hagas ser como una pelota de goma.

Encuentro 28

EDISON EL FRACASADO

Gálatas 6:9 *A su debido tiempo cosecharemos si no nos damos por vencidos.*

Peor que muchos fracasos son pocos intentos. Así dijo Thomas Alva Edison, inventor de la lámpara eléctrica luego de 1,200 experimentos fallidos. Era el año 1879 y Thomas ya había invertido $40,000 (una millonada en aquel entonces). Había probado más de 6,000 filamentos vegetales tratando de encontrar un conductor de energía, los cuales habían sido enviados de países lejanos, y todo parecía ser un fracaso. Hasta ese entonces las ciudades, las casas, las calles y las noches eran densamente oscuras. Era obvio que la gente que escuchaba acerca del proyecto e incluso sus amigos pensaran que era imposible. Hacía cincuenta años que otros científicos daban vueltas acerca del experimento pero todos terminaban abandonando la idea. Varias veces Edison había reunido a varios personajes importantes para ver el gran acontecimiento y todo el tiempo terminó avergonzado. Sin embargo Edison siguió y siguió con la idea fija. Un día decidió que el filamento apropiado tenía que ser de algodón carbonizado y arregló todo para probarlo el 21 de octubre de 1879. El voltaje fue aplicado a las terminales y poco a poco una tenue luz anaranjada fue emergiendo del frasco de vidrio. Trece horas duró la luz de esa primera lámpara eléctrica. Cuando Thomas Alva Edison murió, el mundo entero sabía acerca de la luz eléctrica y miles de ciudades ya estaban completamente iluminadas de noche. En una ocasión se le preguntó acerca del secreto de su éxito. Edison respondió: «Tenemos que aprender que es bueno fracasar. El genio es uno por ciento inspiración y noventa y nueve por ciento transpiración». Bajo el nombre de Thomas Alva Edison fueron patentados 1,093 inventos de los cuales la mayoría todavía usamos o fueron la base para crear otros avances tecnológicos.

Punto de reflexión

Uno por ciento inspiración, noventa y nueve por ciento transpiración. ¿Cómo reacciono ante los fracasos?

Audiencia con el rey

Señor, quiero mantener una actitud positiva pese a los aparentes fracasos. Dame la fuerza para no rendirme y la convicción para ir por mi futuro con mucha transpiración.

Encuentro 29

TERMINA LA CARRERA

Mateo 28:20 *Y les aseguro que estaré con ustedes siempre, hasta el fin.*

Las Olimpiadas de Barcelona, en 1992, le dieron al mundo de los deportes uno de los momentos más inolvidables en materia de carreras de atletismo.

El británico Derek Redmond había soñado toda su vida con ganar la medalla de oro en la carrera de 400 metros. Su sueño estaba más cerca que nunca cuando se anunció la partida en las semifinales de Barcelona. Estaba corriendo la carrera de su vida y cuando entraba en la recta final empezó a sentir un dolor cortante en su pierna. Al instante cayó al piso del dolor.

La revista *Sports Illustrated* recuerda los dramáticos eventos de la siguiente manera: «Mientras los médicos se acercaban, Redmond trató de ponerse en pie. Fue como un instinto animal, dijo después. Ya de pie deseó locamente pasar la línea final y terminar la carrera. Al intentar moverse con frustración un hombre grande corrió desde las gradas esquivando a un guardia de seguridad. Era Jim Redmond, el padre de Derek. Enseguida le dijo que no tenía que hacer eso, pero Derek llorando le respondió que sí. Entonces, le dijo el padre, tendremos que terminar esto juntos».

Así lo hicieron. Los agentes de seguridad y los médicos primero trataron de frenarlos, pero viendo que no podían y escuchando el aliento que bajaba de las gradas se apartaron de su paso. Con dolor, hidalguía y bañados en lágrimas Derek y Jim cruzaron la línea de llegada mientras el estadio irrumpía en gritos como si el más difícil récord hubiera sido marcado.

Derek Redmond no habrá logrado la medalla dorada, pero terminó su carrera con la increíble memoria de un padre que venció cualquier obstáculo para ayudar a su hijo a terminar lo que había empezado.

Punto de reflexión

Debes saber que tienes un Padre que vence obstáculos para verte terminar la carrera de la vida.

Audiencia con el Rey

Gracias Padre del cielo por acompañarme fielmente cuando caigo y estoy lastimado. Te amo. En el nombre de Jesús, amén.

Encuentro 30

CONVENCIDO

Romanos 14:5 *Cada uno debe estar firme en sus propias opiniones.*

Un nuevo león era coronado rey de la selva, así que decidió mostrarles a todas las leonas su poderío preguntándoles a sus súbditos quién era el rey. Se dirigió a los monos, rugió y les preguntó: «¿Quién es el rey de la selva?» Los monos enseguida respondieron: «Tú eres el rey poderoso». Enseguida vio que se acercaba una cebra, se le acercó sigilosamente y de repente le preguntó: «¿Quién es el rey de la selva?». La cebra muy asustada le respondió: «Tú, mi querido rey». El león vio venir al tigre y pensó que era una oportunidad perfecta para quedar bien y con su mejor rugido le preguntó: «¿Quién es el rey de la selva?» El tigre, que no quería problemas, le respondió cortésmente que el león era el único rey. En eso apareció el elefante y sin pensarlo el león se le acercó y le preguntó: «¿Quién es el rey de la selva?» El elefante lo miró con incredulidad, lo tomó de la cabeza con su trompa y lo estampó con violencia contra el pasto. Lo volvió a tomar de la cabeza, lo arrojó contra un árbol y en una carrera se tiró de espalda encima de él. Estropeado el león, y todo mareado, alcanzó a decirle al elefante antes de desmayarse por completo: «Si no sabías la respuesta, no tenías por qué enojarte».

Punto de reflexión

¿De qué cosas tengo pleno convencimiento y aunque pase lo que pase y digan lo que digan seguiré firme?

Audiencia con el Rey

Gracias Señor, por todo lo que haces para convencerme de tu amor y de los planes que tienes para mi vida. Yo quiero ser alguien que está firme en sus opiniones y valores. Ayúdame a que nada ni nadie cambie mis convicciones de ti. Amén.

Encuentro 31

PARA VIVIR LA AVENTURA

2 Pedro 1:5 y 6 *Esfuércense por añadir a su fe, virtud; a su virtud, entendimiento; al entendimiento, dominio propio; al dominio propio, constancia; a la constancia, devoción a Dios.*

Ser amigos de Dios es una aventura. Él es el creador del universo. En su imaginación nació lo visible y lo invisible, lo alto y lo bajo, lo enorme y lo microscópico. Por su voluntad fueron diseñados los planetas, las galaxias y las megagalaxias. En su mente creó el mar y todo lo que hay en sus profundidades. La complejidad de un organismo animal y la belleza del mundo vegetal. ¡Él es Dios, el rey de todas las cosas! Es un placer decir que el Rey es nuestro amigo. Ser amigos de Dios no puede ser de ninguna manera aburrido, monótono y previsible. Dios tiene sorpresas, regalos, peligro y desafíos. Relacionarte con él cada día es un encuentro con lo sobrenatural. Él te va a decir secretos que nadie más va a creer, te va a dar misiones que parecen imposibles, te va a pedir cosas difíciles que pocos se animan a hacer y te va llevar por caminos que muchos piensan que son locuras. Lo que tú tienes que hacer es creer en el Dios que cree en ti. Tener una constante seguridad de que él quiere relacionarse contigo y llevarte hacia grandes conquistas.

Este año tiene que ser diferente. No importa la edad que tengas, si tienes vida, tienes que estar creciendo. Vas a tener nuevas experiencias y nuevas oportunidades. Vas a tener en tus manos la posibilidad de vivir excitantes aventuras junto al Dios que quiere ser tu amigo y te ama con un amor entrañable. Vas a conocer nuevas personas y tocarás la vida de muchos en estos meses. Podrás ser una influencia extremadamente positiva, dar consuelo, consejos, ser guía, llevar a otros a Cristo, servir en la iglesia, alcanzar sueños, lograr cosas que nadie en tu familia ha logrado y más. Dios tiene un enorme deseo de que eso ocurra, pero recuerda, para vivir la aventura tienes que estar cerca de tu amigo Dios. Tu amigo al que un día todos le dirán: «Rey de reyes».

Punto de reflexión

¿Cómo voy a hacer para estar siempre cerca de mi amigo Jesús?

Audiencia con el Rey

Querido Rey, ¡qué honor poder decir que eres mi amigo! Este año quiero vivir mi relación contigo como una gran aventura y alcanzar muchas conquistas de tu mano.

Encuentro 32

Nuevos comienzos

Salmos 118: 24 *Este es el día en que el Señor actuó; regocijémonos y alegrémonos en él.*

Cada día es un nuevo comienzo. No sé cuántos le quedan a tu año, ni cuánto falta para tu próximo cumpleaños, pero lo cierto es que este día nunca más volverá a repetirse. Eso lo hace un día vital para tu futuro. Hay que aprovecharlo y para eso hay que recobrar fuerzas y volver a proponernos sueños y logros. También hay que renovar el compromiso y trabajar hoy de la manera más inteligente para que el mañana se presente más prometedor. Todos los días se abre una flor, nace una mascota y un cantor. Tú puedes hacer que algo nazca hoy, que haya un nuevo comienzo y una nueva experiencia. Puedes empezar una amistad o hasta si no conoces al amor de tu vida puede ser que hoy lo encuentres al doblar la esquina.

Alguien me dijo que los compromisos más fuertes en la vida de las personas son aquellos que se toman día tras día, una y otra vez. Cada momento estamos poniendo nuestros compromisos en juego y nuevamente tenemos que decidir si hacer lo que sabemos que es correcto o hacer lo contrario. Una y otra vez tendremos que acercarnos al Señor y depositar nuevamente nuestra confianza en él. Piensa en las decisiones que ya tomaste en este año sin importar si hasta ahora ya hiciste algo al respecto, revisa cada buena decisión que en este momento recuerdes y tómalas de nuevo.

Punto de reflexión

Toda gran decisión es una suma de pequeñas decisiones que tomamos una y otra vez.

¿Con cuáles de mis decisiones y proyectos para este año tengo que comprometerme de nuevo?

Audiencia con el Rey

Gracias Señor, por cada nuevo día. Gracias por la infinidad de posibilidades que cada día trae consigo. Dame fuerza para seguir cumpliendo los proyectos que me has dado.

Encuentro 33

De pruebas y problemas

María Eugenia Campos
Tandil, Argentina

Los problemas son inevitables. En la vida todos los tenemos. Aparecen todos los días. Nunca nos avisan y son de lo más inesperados. Solo los necios pueden decir que no tienen problemas. Entonces, si todos pasamos por problemas: ¿qué debemos hacer cuando estamos en apuros?

Hace un año y medio pasé por esos tiempos en los que parece que todo lo que hiciste en tu vida de pronto se derrumba en un segundo, todo mal, todo negro, todo un bajón. Pero gracias a la misericordia de Dios, a través de la ayuda del Espíritu Santo, todo fue más fácil. En ese tiempo aprendí a aferrarme y experimentar más a Dios. Es que en esos momentos es que podemos maravillarnos de conocer cómo Dios tiene las llaves para abrir cualquier puerta y hacer de algo aparentemente negativo, algo excelente.

En un mensaje que oí a mi pastor sobre las pruebas aprendí estas cuatro claves que quiero que analices conmigo:

1) Las pruebas de Dios tienen el propósito de fortificarnos y moldear nuestro carácter.

2) Los problemas pueden ser consecuencia del pecado. A veces los provocamos nosotros mismos, ¿o no? No necesariamente son pruebas que vienen de Dios, pero con su ayuda pueden operar como una prueba que venga de él.

3) La disciplina de Dios se debe a su amor por nosotros y por eso mismo permite las pruebas.

Las pruebas producen paciencia.

Debemos aprender de ellas, son una oportunidad de crecer.

Punto de reflexión

Tendemos a tratar de esperar a que solo pase la tormenta. Podemos tomar las fuerzas que Dios nos da y enfrentar los problemas no solo para pasarlos más rápido sino para no salir lastimados.

Audiencia con el Rey

Señor, te doy gracias por cada prueba, y gracias porque me mostrarás la salida; gracias porque contigo soy más que vencedor. Gracias porque a través de las pruebas puedo conocerte más.

Encuentro 34

Humor

Proverbios 17:22 *Gran remedio es el corazón alegre.*

Mark Twain decía que la mayor bendición dada al hombre es el sentido del humor. A todos nos encanta estar cerca de una persona con sentido del humor. Esas personas que son el alma de la fiesta, que siempre tienen almacenado un chiste y que con solo contarte algo muy simple por la manera de hacerlo ya te hacen reír.

Si nos ponemos a pensar, el sentido del humor no tiene otro origen que haber sido creado a imagen y semejanza de Dios. Lo cual nos lleva a la conclusión de que este es una de las características divinas del Dios altísimo. Me imagino al Señor riendo a carcajadas al momento de la creación. Una alegría desbordante emergiendo de alguien sin pecado fue la que produjo la energía necesaria para hacer andar las estrellas. Estuvo su humor chispeante detrás de cada flor, cada ave y cada pez. Es que el buen humor puede hacer milagros y Dios puso de regalo ese poder en nuestras manos. Es una bendición que nos ha sido dada para bendecir a otros. Como dice el proverbio: «Para curar como un gran remedio».

Pero hay algunos que enseguida callan al que hace reír; pero, por favor, no lo hagan. Ayúdenlo a usar ese don para bendición. Estoy convencido de que todos debemos desarrollar el sentido del humor. Debemos desarrollarlo y explotarlo hasta que podamos usarlo cuando escasee. Recuerda que la risa es un excelente antibiótico y hoy puedes usarlo con alguien que lo necesite con desesperación.

Punto de reflexión

¿Me imagino a Dios demasiado serio?

¿Cómo puedo usar el sentido del humor para bendición?

Audiencia con el Rey

Gracias porque el humor viene de ti. Ayúdame a ser una persona que alegre a los demás y gracias por las personas que me alegran la vida. En el nombre de Jesús, Amén.

Encuentro 35

CREER PARA VER

Juan 20:29 *Dichosos los que no han visto y sin embargo creen.*

La mayoría de los humanos dicen que necesitan ver para creer. Una señora mayor dice: «Ah. Si no lo veo con mis propios ojos, no lo creo». Un adolescente afirma: «Hasta que no esté ahí y pueda vivirlo yo mismo, no creeré que sea así».

Por un lado parece muy lógico. Si uno ve algo con sus propios ojos, automáticamente se convierte en un testigo y no tiene dudas de que así ocurrió o determinada realidad es así. Por otro lado, en el momento que vemos con los ojos físicos dejamos de tener «fe». Hebreos 11:1 nos dice que «fe» es tener certeza de que algo que no vemos es así. Por eso Jesús dijo bienaventurados los que creen sin haber visto. Es que creer sin haber visto es sinónimo de tener fe y todos sabemos que es por la fe que podemos relacionarnos con Dios y vivir la aventura del cristianismo. La lógica, lo seguro y lo concreto no siempre es garantía de sabiduría. Fue la fe de algunos que creyeron sin ver, la que creó invenciones que cambiaron la historia de las posibilidades humanas, o formuló teorías que cambiaron el rumbo de la ciencia. Leonardo da Vinci tuvo fe de que se podía volar. Graham Bell tuvo fe de que podíamos comunicarnos a kilómetros de distancia con un aparato de por medio. Edison tuvo fe de que podía haber ciudades iluminadas por una luz artificial. Albert Einstein tuvo fe de que la luz se mueve en una línea derecha en un espacio vacío sin importar cuál sea la perspectiva de dónde lo miremos. Cuando primero lo escribió, pocos lo entendieron y muchos físicos lo dudaron. Años después la teoría primero se prueba con unos espejos en un tren y luego le dan el premio Nobel de física al descubrir que la llamada teoría de la relatividad de la luz y el movimiento era cierta. En el caso de millones de ejemplos es evidente que muchas veces hay que primero creer para después ver. Así también es con Dios. Cuando le creemos empezamos a ver su mano actuar en nosotros. Cuando confiamos en él es que empezamos a experimentar su dirección. Cuando le entregamos nuestra vida aunque no entendamos todo y todavía tengamos preguntas es que empezamos a vivir la vida cristiana en el nivel de la experiencia y no solo en el de la teoría. La medida de nuestra fe determina nuestra capacidad de ver la mano de Dios actuando en nuestras vidas. Pongámoslo así: «Cuánto más le creemos a Dios, más lo vemos actuar».

Punto de reflexión

¿Cómo puedo aplicar a mi vida la frase «creer para ver»?
¿Hace cuánto que no le pido más fe a Dios?

Audiencia con el Rey

Querido Rey, hoy quiero pedirte que me des fe. Necesito que me enseñes a confiar en ti y a creer, para poder ver tus milagros aconteciendo en mi vida y en la de los que me rodean. En el nombre de Jesús. Amén

Encuentro 36

SABER ESCUCHAR

Proverbios 18:13 *Es necio y vergonzoso responder antes de escuchar.*

¿Sé escuchar? Un buen día decimos nuestras primeras palabras; al tiempo ya estamos bla, bla, bla, bla y nadie puede tener duda de que sabemos hablar. Pero escuchar lo damos por sentado. Yo pensaba que era obvio que aparte de los sordos todos sabíamos escuchar. Pero con el correr del tiempo me di cuenta de que algunas personas nunca aprendieron a hacerlo. Es evidente que muchos no saben escuchar en lo más mínimo. Solo tienen dos orejas y sé que oyen, pero no escuchan.

Para responder la primera pregunta te recomiendo pensar en las siguientes ideas con honestidad:

¿Planeo la respuesta mientras la otra persona todavía está hablando? Si lo haces, ¡no estás escuchando!

¿Interrumpo? Quizás porque supongo que ya sé lo que me van a decir. El caso es que puedo estar equivocado.

¿Estoy juzgando a la otra persona mientras habla? Rechaza esos pensamientos y concéntrate en lo que está diciendo.

Asegúrate que entendiste, repitiendo lo más importante de lo que se dijo. Esto le muestra a la otra persona que estuviste prestando atención.

Alguien que escucha se enfoca cien por ciento en la persona que habla y no en sí mismo.

El que escucha no tiene a las otras personas clasificadas como: «No tiene nada importante que decirme» (papá y mamá por ejemplo).

Ser escuchados es una necesidad de todos y los cristianos deberíamos ser personas que sepan responder a esta necesidad con amabilidad y amor.

Punto de reflexión

¿Qué tal te fue con las preguntas?
¿Qué puedes hacer para mejorar?

Audiencia con el Rey

Señor, tú siempre me escuchas. Es cierto que muchas veces no presto atención a lo que otros me dicen y actúo como que no tienen nada para decirme. Dame paciencia, sensibilidad y sabiduría para poder escuchar en serio a las otras personas y en especial a mis padres.

Encuentro 37

UN EXCELENTE PREDADOR

Ademar Ayala
Cochabamba, Bolivia.

Efesios 6:11 *Pónganse toda la armadura de Dios para que puedan hacer frente a las artimañas del diablo.*

Los osos polares nunca tienen que preocuparse de que se les dañe la comida, ¡las focas viven en un frigorífico natural! Además tienen varios trucos. Una de las técnicas de caza favoritas que tiene este inteligente animal consiste en esperar pacientemente sobre el hielo junto al agujero de la foca a que esta salga a respirar. En ese momento el oso se lanza hacia ella para voltearla de un zarpazo y darse el gran festín. Otro de los trucos es que si la foca tarda demasiado en salir por el agujero, el oso astuto se zambulle y deslizándose bajo el agua sigilosamente va a donde la foca está escondida y la sorprende de repente. Otra de sus artimañas opera desde abajo del agua. Arañando muy suavemente la capa interior de hielo, el oso imita el ruido que hace un pez al rozarla. Cuando la foca desprevenida se sumerge lo más rápido posible segura de conseguir su cena, se encuentra atrapada entre las garras del enorme y hambriento predador.

De la misma manera el diablo tiene varios trucos para engañarnos. Muchas veces somos seducidos por nuestro detestable predador Satanás. Él nos hace ruidos cual pescado con algún placer aparentemente atractivo y disfraza la fealdad del pecado con algo que suena o se ve bonito. Luego, cuando mordemos el anzuelo, nos encontramos en sus garras y estamos en serios problemas.

Él es inteligente y astuto y por eso debemos estar prevenidos y atentos. Pongámonos la armadura de Dios y usemos el escudo de la fe (Efesios 6:16). No caigamos en las trampas de nuestro enemigo que se disfraza de ángel de luz. (2 Corintios 11:14) y hagamos lo posible para mantenernos lejos del oso de nuestras almas.

Punto de reflexión

La próxima vez que venga una tentación, ¿Seré como una foca desprevenida?

¿Cómo puedo protegerme de las tentaciones a la luz de la Palabra de Dios?

Audiencia con el Rey

Querido Dios, ayúdame a acordarme cuando paso por tentaciones y así tomar la decisión que tú tomarías. Pero sobre todo, ayúdame a prepararme y fortalecerme antes de que la tentación llegue.

Encuentro 38

La cabeza hinchada

Romanos 12:3 *Nadie tenga un concepto de sí más alto que el que deba tener, sino más bien piense de sí mismo con moderación, según la medida de fe que Dios le haya dado.*

Dicen que cierta vez el gran boxeador Muhammad Alí iba en un avión cuando la azafata notó que no tenía el cinturón de seguridad puesto. Sin dudarlo la azafata se acercó y le pidió cortésmente que por favor se colocará el cinturón de seguridad. El entonces indiscutido campeón de peso pesado le respondió riéndose: «Superman no necesita cinturón de seguridad. La azafata pronto le replicó: «Superman tampoco necesita un avión, así que abróchese el cinturón». Obviamente Alí se lo puso.

No sé si esta historia es cierta, pero ilustra lo que sucede cuando alguien tiene más alto concepto de sí que el que debe tener. En estas circunstancias es muy fácil ser avergonzados. Cuando a alguien se le hincha la cabeza con pensamientos de grandeza y superioridad es muy fácil que la gente empiece a despreciarle y tratar de evitarle. También es más fácil que otros estén intentando demostrarle a esa persona que no es tan buena como se cree.

Tampoco es cosa de sentirse menos que otros. No es eso lo que quiere decir ser humildes. Ser humilde es tener un sano concepto de sí mismo. Uno debe conocer las virtudes y también los defectos propios. Ambos deben ser reconocidos y aceptados para que podamos conocer nuestras limitaciones y posibilidades sin levantarnos por encima de los demás ni arrojarnos a sus pies. El Señor nos hizo diferentes y todos nos alegramos por eso, pero también todos nos necesitamos y debemos reconocerlo.

Ten mucho cuidado si últimamente andas con la cabeza hinchada. Si estás tratando de mostrar tu «superioridad» instantáneamente estarás mostrando lo contrario. Proverbios 18:12 dice: «Al fracaso lo precede la soberbia humana».

Punto de reflexión

¿Por qué razón algunos tratan de mostrar que son superiores?
¿Cómo estoy yo con este tema?

Audiencia con el Rey

Señor, gracias por amarme tal cual soy, ayúdame a tener una idea sensata de mi persona y líbrame de la necesidad de tener que estar mostrándome superior a los demás.

Encuentro 39

EJEMPLOS, PERO NO EN TODO

Tito 2:7 *Con tus buenas obras, dales tú mismo ejemplo en todo.*

Shaquille O'Neal es admirado por millones de fanáticos del básquet. Es difícil contar cuántos adolescentes sueñan con algún día ser tan dominantes en algún deporte como lo es el gigante de los Angeles Lakers. Después de salir campeón de la NBA [Asociación Nacional de Básquetbol, por sus siglas en inglés], los directivos de su equipo le extendieron un contrato millonario por otros cinco años con los Lakers. A veces pienso lo desproporcionado que es que un deportista gane tantos millones mientras tanta gente sabia que ha dado su vida estudiando y trabajando duro tenga que luchar tanto por sobrevivir. Shaquille gana miles de dólares cada vez que pisa un estadio de básquet mientras hay educadores, médicos, pastores y demás personas que hacen tanto más por la vida y muchas veces no reciben lo suficiente. Vivimos en una sociedad que da más valor al entretenimiento que a lo verdaderamente importante. No digo que no sea admirable lo que hace Shaquille y otros. La verdad es que disfruto mucho verlos competir, pero el peligro que se corre es hacer de estos deportistas ejemplos a seguir en todas las demás áreas de la vida. Nosotros debemos intentar ser ejemplo en todo y preciar la sabiduría por encima de la fama. En cierta oportunidad le preguntaron a Shaquille si había visitado el famoso «Partenón», en una reciente visita a Grecia. La respuesta de Shaq fue: «Lo lamento, no recuerdo el nombre de todos los centros nocturnos que visitamos en Atenas».

Punto de reflexión

¿Cuál es el peligro de tener a alguien famoso como ejemplo a seguir?

¿Por qué el mundo aprecia más el entretenimiento que las cosas de mayor envergadura?

Audiencia con el Rey

Querido Rey, gracias por el ejemplo de Cristo. Permíteme ser una persona que tiene las cosas en su lugar y no estima la fama por encima de la sabiduría.

Encuentro 40

Para hablar en paz con tus padres

Deuteronomio 5:16 *Honra a tu padre y a tu madre, como el Señor tu Dios te lo ha ordenado, para que disfrutes de una larga vida y te vaya bien en la tierra que te da el Señor tu Dios.*

A continuación encontrarás siete consejos útiles para establecer un dialogo efectivo con los patrones de la casa:

Cuando tengas algún pedido, problema o queja, no dejes de expresarla en la ocasión apropiada. De lo contrario podrías estar alimentando resentimientos.

Habla de la situación en privado, de manera que papá o mamá no se sientan atacados ni obligados a cuidar las apariencias.

Después de dejar en claro tu cariño, usa el «yo» y no solo el «tú» en las afirmaciones, porque así parecerán acusaciones, las que solo conducen a la defensa y las contraacusaciones.

Ve al grano. Sacar a la luz cosas del pasado que no tienen relación con el punto, sirve solo para hacer sentir peor a la otra persona o acumular argumentos, nunca ayuda.

Escúchalos con atención. No «adivines» lo que van a decir. Puedes equivocarte.

Habla de una cosa a la vez. No acumules reclamos.

No compares a tus padres con nadie. Ellos son los mejores del mundo porque son los únicos que tienes.

Es todo un arte que dos generaciones, con tantos cambios culturales, tecnológicos y sociales, puedan establecer un diálogo efectivo. Que haya paz en casa requiere esfuerzo, sensibilidad y obediencia al Señor. Tienes la promesa del Rey de que te irá mejor si haces tu parte.

Punto de reflexión

¿Cómo puedo aplicar estos consejos útiles para llevarme mejor con mis padres?

Audiencia con el Rey

Querido Rey, te doy gracias por mis padres. Bendícelos con sabiduría e inteligencia. Provee para sus necesidades y ayúdame a mí a establecer un diálogo efectivo con ellos.

Encuentro 41

COMPARTIENDO LÁGRIMAS

Viviana Santa. Bogotá, Colombia

Romanos 12:15 *Alégrense con los que están alegres; lloren con los que lloran.*

Nada más saludable para el alma que unas lágrimas bien lloradas. Lo digo por experiencia. Pues siempre, después de derramar hasta la última lágrima, me siento más fresca para seguir. Especialmente cuando la derramas por otros. ¿Cuántas veces no encontramos las palabras adecuadas para consolar? Esto es muy frecuente. Aunque las palabras dicen mucho, algunas veces encontramos un sentimiento más elocuente que las palabras y más efectivo que las acciones y este sentimiento muchas veces se expresa con lágrimas. Recuerdo un día en el hospital, cuando mi papá estaba muriendo, no podía entrar a la habitación por lo que decidí irme al baño. Estaba bañada en lágrimas al punto de no darme cuenta de lo que pasaba a mí alrededor en ese momento. Pero de repente escuché un llanto que sobrepasaba el mío. Era desesperado y desconsolado. Con todo el dolor que yo estaba sintiendo, me llené de valor y me acerqué a esa mujer. Yo no sabía si hablarle, quizás era mejor regresar por donde llegué. Pero me acuerdo como si fuera ayer, que cuando la vi llorando con tanto dolor, mi sentimiento más espontáneo fue llorar con ella. En ese momento no sabía como podía consolar a otra persona. Yo la abracé y ella se sorprendió tanto que calmo un poco su llanto. Unos segundos después ella hablo y me dijo: «Mi mamá está muriéndose. La vida es muy injusta». Entonces comprendí por qué tuve el valor de acercarme. Entendí que Dios me había dado esa sensibilidad y valor para llorar junto a esta joven que lloraba sin ninguna esperanza. Era una muchacha de mi edad y necesitaba más consuelo que yo. Pues dentro de mí, sabía que Dios estaba conmigo. Pero ella no encontraba explicación alguna. Aunque mis palabras fueron muy pocas, sé que Dios quería que a través de mis lágrimas le transmitiera consuelo y sé que el propósito de Dios fue cumplido.

El mismo Jesús lloró por otros. Así mismo quiere que lloremos por el dolor de los demás.

Punto de reflexión

¿Qué puedo hacer para consolar al que llora? ¿Lloraría el dolor de otros?

Audiencia con el Rey

Padre celestial, cuando lloro tú me consuelas. Eres mi mejor refugio en todo llanto. Te pido que me hagas más sensible al sufrimiento de otros y a las necesidades de este mundo.

Encuentro 42

PRÉSTAMO

Proverbios 19:17 *Servir al pobre es hacerle un préstamo al Señor; Dios pagará esas buenas acciones.*

Qué fácil es hacerle favores al rico, al poderoso y al atractivo. Naturalmente entendemos que hacerlo nos conviene. Pero a veces resulta muy difícil hacerlo con los pobres y los casi siempre rechazados ya que inicialmente pensamos que no vamos recibir nada a cambio. Sin embargo, es en esta circunstancia que se demuestra si verdaderamente el amor de Cristo está en nosotros. Dar por interés lo hace hasta la persona más atea.

Mi mamá es una médica muy reconocida en su especialidad y también lo es como maestra de la Palabra de Dios. Pero me siento más orgullosa de ella al recordar cuando regalaba su tiempo y sus talentos a los pobres y marginados que llegaban a su consultorio, a la iglesia o a los que atendía en la misma calle. Cuando era chico de vez en cuando me llevaba al hospital donde tenía su consultorio. Íbamos y volvíamos en el tren «Roca», que va desde la capital de Buenos Aires hasta la llamada Zona Sur. Constitución es el nombre de la estación principal y siempre teníamos que pasar por allí. Muchísimas veces mi mamá hizo un alto para comprarle algún chocolate o sándwich a alguien que estuviera pidiendo limosna en la estación y en más de una ocasión vi cómo se sentaba en el piso al lado de esa persona. Mi mamá, la doctora, se sentaba allí a compartir un pedazo de algo con una ancianita o con un niño mientras le preguntaba por su salud.

Estoy seguro de que esas personas y yo no fuimos los únicos que notaron lo que hacía ella. Creo que el notario de los cielos estuvo registrándolo todo.

Punto de reflexión
¿Suelo ayudar sin recibir nada a cambio?
¿Por qué?

Audiencia con el Rey
Señor, hazme más sensible a las necesidades de los demás. Quiero ser una persona que pueda ayudar desinteresadamente.

Encuentro 43

Aparentemente lo tenía todo

Lucas 8:17 *No hay nada escondido que no llegue a descubrirse, ni nada oculto que no llegue a conocerse públicamente.*

Se han escrito más de trescientas biografías y una infinidad de documentales acerca de ella. Se llamaba realmente Norma Jeane Baker y nació el primero de Junio de 1927 en la ciudad de Los Ángeles. En 1946 decidió cambiarse el nombre a Marilyn Monroe. Marilyn llegó a tenerlo todo, aparentemente. Era la mujer más admirada de su tiempo. Tenía belleza, fama, dinero y todo lo que humanamente podría haber deseado. Firmaba fuertes contratos con los estudios cinematográficos más grandes y se relacionaba con los personajes más poderosos de su época. Sin embargo, el 5 de agosto de 1962, ocurrió lo que solo sus allegados más íntimos hubieran podido imaginar: «Marilyn fue encontrada muerta en una habitación de hotel por una sobredosis de calmantes». Evidentemente la que sentía que no tenía nada era Norma. Marilyn era una figura creada con mucho esmero. Era solo la antesala de Norma en la realidad. Mientras Marilyn sonreía a los flashes de las fotos de revistas, Norma se miraba en el espejo avergonzada por su vida. Mientras Marilyn subía a los grandes escenarios, Norma bajaba a las profundidades de la depresión porque evidentemente se sentía vacía en su interior. A muchos artistas les gusta crear una Marilyn. Una imagen ficticia, mejor y más feliz de lo que son en la realidad. Muchas veces no es solo culpa de ellos. Hay toda una sociedad y una industria que necesita de estos personajes para hacer dinero o para vivir lo que los mismos miembros de esa sociedad ansían vivir. También nosotros caemos muchas veces en el engaño de tratar de parecer alguien que no somos. Conozco muchos adolescentes que cambian de máscara según con quien estén. Lamentablemente Norma no pudo esconderse detrás de la máscara de Marilyn como tampoco podremos nosotros. La gran noticia que tengo para ti es que no hace falta crear una Marilyn para ser feliz. Dios te ama así, tal cual eres y de su mano puedes ser una persona real sin necesidad de crear imágenes ficticias. No vivas de apariencias. Solo Dios llena el vacío más grande del corazón.

Punto de reflexión

¿Por qué a veces pretendemos ser alguien que no somos?
¿Qué es lo que verdaderamente puede llenarnos de vida?

Audiencia con el Rey

Querido Señor, quiero ser una persona sincera y real. No hace falta crear falsas imágenes de quienes somos. Gracias porque puedo entregarte todo y tú siempre me recibes como soy.

Encuentro 4

Condenados a ser amados

Romanos 8:1 *Por lo tanto, ya no hay ninguna condenación para los que están unidos a Cristo Jesús.*

El martillo del juez supremo dio un golpe seco sobre el escritorio. Un silencio se apoderó de la escena mientras millares de seres vivientes que viven del otro lado de la existencia esperaban para saber el veredicto. En sus almas de ángeles se debatían acerca de lo que el gran Señor iba a anunciar. Por un lado sabían de la culpa de los enjuiciados pero por el otro ya conocían el corazón del Juez.

El Juez Dios se levantó del estrado sabiendo que lo que iba a salir de sus labios determinaría el curso de la historia. Cambiar la historia de un solo humano equivale a transformar las vidas de decenas, cientos, quizás miles y hasta millones de otras personas. Por eso el veredicto tenía que estar bien pensado. Dios había escuchado a la defensa. Cristo Jesús, el abogado defensor de los cielos, firmado su informe con sangre y el Espíritu Santo había sellado los testimonios. Crece la atención, Dios habla y todos debemos escuchar. Él dice: ¡Por gracia ustedes han sido salvados! (Efesios 2:5). El caso estaba cerrado. El abogado defensor, el Espíritu Santo y los ángeles saltaron de alegría. Lágrimas de compasión y gritos de júbilo llenaron el ambiente. Miles de millones de personas culpables fuimos destinados a experimentar el más increíble amor del universo. Dios nos ama con un amor eterno y la relación con su Hijo nos hace herederos de toda la misericordia del Padre. No hay nada que puedas hacer que haga que Dios te ame menos. Es que el amor es su misma naturaleza. Grábatelo, recuérdalo y vive con mucho agradecimiento.

Punto de reflexión

¿Qué significa que Dios nos salvó por gracia?
Nadie «merece» ser salvo. Solo podemos serlo por su gracia.

Audiencia con el Rey

Gracias por tu gracia. Tú eres un Rey rico en misericordia. A veces cuesta entenderlo pero yo quiero disfrutar cada día más de haber sido escogido.

Encuentro 45

La meta

Filipenses 3:14 *Sigo avanzando hacia la meta para ganar el premio que Dios ofrece mediante su llamamiento celestial en Cristo Jesús.*

Adelante hay una meta y un premio, imitar a Jesús. Cada cristiano tiene la misión de vivir con los valores que Cristo enseñó. Tenemos la meta de hacer lo que él hubiera hecho en las situaciones que nos toca vivir. La cuestión del premio es doble. Por un lado hay un premio instantáneo. Parecernos a Jesús significa que vamos a ser del tipo de gente que ama desinteresadamente y vive según el propósito de Dios. En otras palabras, podemos decir, una persona exitosa. Cuando nos parecemos a Jesús somos diferentes a la mayoría. Nos destacamos y somos altamente apreciados por el resto de las personas. Piénsalo por un momento: Alguien que se detiene a curar al que está dolido, que se sacrifica por otros, que vela por sus amigos, es sin duda uno que es amado. Claro que no siempre la gente actúa como esperamos. Eso también le pasó a Jesús. Pero al menos experimentas el éxito interior de tener la conciencia tranquila y vivir con sumo gozo. También hay un premio que tenemos que esperar. Se trata de una corona diseñada en el taller de los cielos (1 Pedro 5:4). ¡Sí! Si apuntamos nuestra vida a la meta de parecernos a Jesús, Dios nos va a premiar cuando lleguemos a la morada celestial.

Punto de reflexión

¿Es mi meta ser más como Jesús?
¿Qué puedo hacer al respecto?

Audiencia con el Rey

Querido Rey, quiero cada día ser más como Cristo. Quiero apuntar mi vida a esa meta y poder disfrutar todos tus premios.

Encuentro 46

Denominación gatuna

1 Corintios 1:10 *Les suplico hermanos, en el nombre de nuestro Señor Jesucristo, que todos vivan en armonía y que no haya divisiones entre ustedes.*

El diácono de una iglesia bautista recibió el llamado de una mujer bastante alterada y muy entristecida por la muerte de Roger, su gato, el día que el pastor no estaba. Ella quería que el diácono ofreciera un servicio funeral para el animalito en el jardín de su casa esa misma tarde. El diácono enseguida pensó que la mujer no tenía todos sus jugadores en el equipo de su cerebro y trató de evadirla explicándole que estaba muy ocupado. Como ella insistía no se le ocurrió otra cosa que darle el número del pastor de la iglesia pentecostal del pueblo. Luego se enteró que en esta le recomendaron a la iglesia metodista y que de esta le sugirieron que fuera a una de las asambleas. Casi una hora después la mujer llamó de nuevo a la iglesia bautista, pero más enojada y desesperada que antes. Ella lloraba diciendo: «En mi casa éramos todos miembros de su iglesia, pero no puedo conseguir que nadie haga el funeral para mi querido Roger, él era como mi hijo, y estoy dispuesta a pagar mil dólares a quien haga la ceremonia». Hubo un silencio en el teléfono y del otro lado se escuchó: «Hermana, ¡hubiera empezado por decirme que su gato era bautista!»

Bautistas no se enojen, ¡es solo una historia real!

Ya en serio, cuántas veces se ha usado el denominacionalismo como una excusa para tapar otros intereses. La Iglesia de Cristo es una sola y no debemos usar nuestros intereses personales para levantar o rebajar a los distintos miembros de su cuerpo. Se dice que tu generación es de características posdenominacionales. Es decir, que ya está más allá de las barreras organizacionales tan grandes que había hace unos años. ¡Gloria a Dios si es así! Todos debemos trabajar por la unidad de la iglesia.

Punto de reflexión

¿Cómo puedo respetar a otras denominaciones cristianas?

Audiencia con el Rey

Querido Señor, perdónanos por las veces que nuestras denominaciones solo sirven para encubrir intereses de líderes egoístas. Yo quiero ser uno que luche por la unidad de la iglesia.

Encuentro 47

TRATAMIENTO DE BELLEZA

Ester 2:12 *Para poder presentarse ante el rey, una joven tenía que completar los doce meses de tratamiento de belleza prescritos: seis meses con aceite de mirra y seis meses con perfumes y cosméticos.*

¿Quieres ser una persona bella y atractiva? ¿Qué puedes hacer además de ir al gimnasio, hacer dieta y bañarte en crema del Nilo? ¿Qué tal un tratamiento estético del alma? La Biblia da varias recetas de belleza para cualquier persona. En el caso de la reina Ester estaba bien claro cuál debía ser el tratamiento ideal para una reina. Aceites, perfumes y cosméticos ya eran parte de la receta obligatoria de aquel entonces y de alguna manera lo siguen siendo hoy. El aceite de mirra era utilizado para sanar cualquier posible herida y suavizar la piel. Sin lugar a dudas, estar sanos es muy importante para ser atractivos. Si no sanamos nuestras heridas internas de igual manera dejaremos de ser personas atractivas. El perdón es una especie de aceite sanador. Las personas que albergan reproches, rencores y están llenas de deseos de venganza tarde o temprano se las nota enfermas. Su personalidad no ha sido suavizada por el perdón y se notan mucho sus asperezas. Los perfumes refrescan el ambiente, gustan y llaman la atención. La alabanza se parece mucho a un perfume. Las personas que encuentran fácilmente la oportunidad de decirle algo lindo a los demás, cambian el ambiente, gustan y llaman la atención. Cuando nuestro corazón sabe expresar alabanza los demás se sienten atraídos ya que les hace sentir mejor de lo que regularmente se sienten.

Tampoco pueden faltar los cosméticos. Estos sirven para destacar los puntos salientes y disimular los defectos. Las personas que se esfuerzan en multiplicar sus virtudes y de igual manera superar sus debilidades tienen un carácter que despierta admiración. Observa a muchos deportistas o artistas que se destacan por hacer algo y cuanto más atractivos parecen. Si no fueran lo que son serían personas promedio, pero como hay algo en lo que se destacan parecen más hermosos.

A veces perdemos demasiado tiempo en arreglar lo exterior cuando a fin de cuentas lo que está adentro determina mucho más cuán atractivos somos.

Punto de reflexión

¿Cómo puedo ser una persona más bella interiormente?
¿Qué puedo aplicar de este devocional?

Audiencia con el Rey

Querido Señor, entiendo que debo ser una persona hermosa por dentro para ser también una persona atractiva en todo sentido. En este tiempo quiero concentrarme más en la belleza interior que en la que se ve a simple vista.

Encuentro 48

Cuando no doy más

Mateo 11:28 *Vengan a mi todos ustedes que están cansados y agobiados, y yo les daré descanso.*

Muchas veces nos gustaría cambiarnos de canal y aparecer en una comedia. Pero no, no podemos. Decimos: «¡Estoy harto de mis padres! ¡No aguanto a mi hermana! ¿Por qué no existo para el chico que me gusta? Esta cara parece que me la gané en un sorteo». Y nos llenamos de rabia y después de depresión.

El diccionario define la depresión como un estado emocional que se caracteriza por sentimientos de incapacidad, desesperación, cansancio, melancolía, tristeza y hasta inactividad (como encerrarte en tu cuarto eternamente). En mis años de pastor de jóvenes pude diferenciar tres razones que llevaban a mis amigos adolescentes a deprimirse.

Circunstancias negativas: estas son situaciones de corta duración cuando las cosas no salen como esperamos. Varias veces me tocó experimentar estas situaciones personalmente (No soy supersticioso, pero en cierto año de mi vida fue como si se me hubieran cruzado setecientos gatos negros haciendo fila y burlándose de mí.) A todos nos ocurre y es parte de la vida diaria.

Realidades de largo plazo: estas son circunstancias que te acompañan, quizás desde que naciste. Muchos viven preguntándose por qué les tocó vivir determinada realidad y no pueden superar un estado de depresión crónico por algo que les sucedió.

Pecado: Los cristianos podemos deprimirnos por desobedecer a Dios. Cuando el pecado hace nido en nuestra vida es muy probable que Satanás nos persuada a vivir una doble vida. A veces se puede engañar a los demás por un tiempo. Pero tu conciencia te molesta y su presión te llena de tristeza. Conozco mucha gente deprimida porque no ha podido superar determinado situaciones.

Jesús nos dejó una hermosa promesa para cuando estemos deprimidos por cualquiera de estas razones. Su promesa dice que podemos ir a él cuando no nos sintamos como desearíamos. Sean circunstancias negativas, realidades difíciles de cambiar o pecado en tu vida lo que te hunde, puedes correr a Jesús con la seguridad de que él te va a recibir con los brazos abiertos. En él encontrarás descanso principalmente porque te diriges a uno que te ama incondicionalmente, te entiende perfectamente y puede hacer una diferencia eterna en tu vida. Siempre tienes la posibilidad de pasar por el valle de la tristeza con la incomparable compañía de Jesús.

Punto de reflexión

¿Qué cosas me deprimen? ¿Adónde puedo ir para encontrar ayuda?

Audiencia con el Rey

Querido Jesús, gracias por entenderme. Pasaste por circunstancias verdaderamente duras. Fuiste rechazado y lloraste porque el amor que tenías por los tuyos no siempre era correspondido. Gracias también porque puedo venir a ti con la confianza de que siempre me recibes con amor y paciencia. Ahora quiero traerte mis cargas y tristezas [nómbralas] *y dejarlas a tus pies.*

Encuentro 49

Lo que realmente necesito

Sebastián Spagnoli. Olivos, Argentina

Marcos 2:5 *Hijo, tus pecados quedan perdonados.*

Un amigo mío salía de su trabajo cuando se encontró con un mendigo y pensó darle algo. Solo tenía un billete de cincuenta en su bolsillo y sin pensarlo se lo dio. Después se dio cuenta de que no tenía dinero para llegar a su casa. Con mucha fe se acercó a la parada del colectivo pidiendo en silencio a Dios por una moneda para poder viajar. Luego de buscar un rato por el piso y no encontrar su moneda, decidió seguir a la próxima parada, siempre mirando hacia abajo, seguro de que encontraría su moneda para volver a casa. Su Señor no lo desampararía, pensaba. Después de una hora, y luego de haber recorrido varias paradas de transporte público, un hombre le pidió que lo ayudara a empujar su auto. Cuando lo hicieron arrancar, el conductor le preguntó a dónde se dirigía y ¡Qué casualidad! Vivían cerca. Él había rogado durante horas por una moneda para el colectivo y Dios le tenía preparado un auto que lo llevaría justo hasta la puerta de su casa. Esta misma historia tiene que ver con algo que ocurrió hace más de dos mil años atrás.

Jesús estaba en Capernaúm, predicando, y la casa estaba abarrotada de gente. Un paralítico había sido llevado por sus amigos a ver al que hacía milagros. Al no poder entrar por la puerta ni las ventanas, los amigos subieron al paralítico al techo, y haciendo una abertura en el mismo, lo bajaron, justo frente a Jesús. Este se conmovió con esa demostración de fe, y le dijo: «Hijo, tus pecados te son perdonados». El paralítico fue por sanidad y también encontró el perdón. Jesús no se conforma con una simple sanidad del cuerpo, él quiere sanar tu alma. En 2 Corintios Dios dice: «Lo visible [el cuerpo] es temporal, mas lo invisible [el alma] es eterno».

El paralítico quería escuchar: «Estás sano» y Jesús le dijo: «Estás perdonado». Él se conformaba con caminar y Jesús quiso darle vida en abundancia. Así es nuestro Dios, nos da más de lo que pedimos. Nos da lo que realmente necesitamos.

Punto de reflexión

¿Me conformo con monedas o espero lo que Dios tiene preparado para mí? ¿Por qué Dios me quiere dar más de lo que le pido o realmente necesito?

Audiencia con el Rey

Gracias Rey, por darnos tantas veces más de lo que te pedimos o merecemos. Gracias por conocer mis necesidades más íntimas. Sé Señor que estoy en buenas manos junto a ti.

Encuentro 50

La confesión

Santiago 5:16 *Confiésense unos a otros sus pecados, y oren unos por otros.*

Alfonso Liguori dijo: Para una buena confesión son necesarias tres cosas: un examen de conciencia, tristeza y determinación para evitar el pecado.

Examen de conciencia: No podemos ser como ese niño que le pedía perdón al Señor en su oración diciendo: «Señor te pido perdón por halarle los pelos a mi hermana, PERO ella me ensució la ropa primero...» Cuando le confesamos nuestros 'pecadazos' al Señor y nos arrepentimos no buscamos excusas. Tenemos que concentrarnos en que es lo que hicimos mal y dejarle lo demás a las otras personas involucradas. Debemos arrepentirnos de lo que nos toca y para eso nuestro examen del asunto debe ser a conciencia.

Tristeza: Si lo que hicimos está mal no podemos actuar como si nada pasó. El Señor nos perdona porque es amor, pero si llegamos a la conclusión de que hicimos lo incorrecto eso impactará nuestras emociones.

Determinación para evitar el pecado: Tiene que haber un deseo sincero y certero de evitar ese pecado la próxima vez. Eso requiere una gran fuerza de voluntad y la ayuda del Espíritu Santo.

En algunos círculos evangélicos se han olvidado de ejercitar la confesión. Porque muchas personas han abusado de los que confiesan algún pecado, también por el mal uso que hacen las iglesias católicas tradicionales del asunto y además porque a nadie le gusta andar contando sus fracasos. Pero la confesión es una puerta al cambio. Rendir cuentas al Señor hablando con otros amigos bien visibles y cercanos de nuestras luchas y debilidades nos ayuda a salir adelante y a mantenernos limpios.

Punto de reflexión

¿Cómo me puede servir la confesión?

¿Cómo puedo conseguir a alguien a quien confesar lo que me hace falta?

Audiencia con el Rey

Querido Rey, no quiero ocultarte nada. Gracias porque eres un Dios de amor y de perdón y siempre tendrás misericordia de nosotros. Hoy quiero confesarte mis pecados. En Cristo Jesús. Amén.

Encuentro 51

AMAR A LOS DIFÍCILES

1 Juan 3:18 *No amemos de palabra ni de labios para afuera, sino con hechos y de verdad.*

Llamémosla Carmela. Esta joven de ojos grandes y pelo revuelto era parte de nuestro ministerio de jóvenes. Carmela tenía un par de tuercas desajustadas debajo de su cabellera. Estuvo internada en un recinto siquiátrico. Obviamente causaba muchos problemas. A veces estábamos cantando y ella se ponía a bailar sin control en algún rincón. Otras veces mientras yo predicaba, interrumpía la reunión con alguna barbaridad o acotación fuera de lugar. Al principio todos se reían y yo también, pero con el paso de los meses sus ocurrencias ya no eran nada divertidas. Carmela hacía todo más difícil. Cuando queríamos discutir algún tema serio alguien tenía que llevársela a pasear. Con cualquier excusa la sacaban de la reunión o la clase para que pudiéramos hablar sin interrupciones. Un día me percaté de que estaba cultivando sentimientos negativos hacia Carmela. Me fastidiaba verla llegar y tenía que morderme la lengua cada vez que hacía una de las suyas. Poco a poco empecé a tratarla diferente. Ya no la saludaba, la evitaba y la callaba a los dos segundos que abría la boca, se podía decir que mi tanque de amor estaba seco. Un día mi esposa me contó que había encontrado a Carmela limpiando todo el salón de jóvenes mientras el resto de los muchachos jugaban o hablaban. Mi esposa le preguntó qué hacía y Carmela le dijo que como nadie quería hablar con ella algo tenía que hacer. Me sentí muy avergonzado. ¿Cómo los jóvenes iban a quererla si su pastor la trataba mal? Enseguida le pedí perdón al Señor. ¿Él me ama a mí y yo no puedo amar a Carmela? No puede ser. Desde ese día algo cambió. Traté de que la iglesia fuera el lugar más feliz para ella. ¿Dónde si no entre nosotros iba a encontrar amor, aceptación y paciencia?

Punto de reflexión

La iglesia es la última esperanza de amor y aceptación para muchas personas.

Audiencia con el Rey

Quiero ser sensible a tu voz que me indica que debo amar a los que nadie ama. Perdóname si he participado en hacer sentir mal y despreciado a alguien en este último tiempo.

Encuentro 52

Puré de papas

Juan 17:11 *Para que sean uno, lo mismo que nosotros.*

Juan Carlos Ortiz da el siguiente ejemplo respecto a la unidad: «Todos conocemos las papas. Cada planta tiene tres, cuatro o cinco tubérculos. Y cada tubérculo pertenece a una u otra planta. Llegado el momento de la cosecha, la persona encargada de la recolección hace un hueco en la tierra, las saca y las va poniendo en una bolsa. Podríamos decir que las agrupa. Puede que esas papas muy alborozadas exclamen: "¡Gloria al Señor, ahora todas estamos en una misma bolsa!" Pero aunque estén todas en un mismo saco, aún no son una.

»Llega el momento en que el ama de casa las compra. Ella las lava y las pela. Las papas piensan que ahora si están más unidas: "¡Qué maravilloso es este amor que existe entre nosotras!" Eso no es todo. Luego de peladas son mezcladas una con otra. Para entonces han perdido bastante de su identidad. Lo cierto es que piensan que ya están listas para el maestro.

»Pero lo que Dios quiere es puré de papas. No muchas papas sueltas sino puré. Cuando son reducidas a puré ninguna podrá levantarse y decir: "¡Miren esta soy yo!" La palabra tiene que ser *nosotros*». Ese es el ideal de unidad que espera el Señor. Una unidad indivisible en la que no se puedan distinguir bandos ni grupos. Dios espera este alimento para su corazón y es nuestro trabajo cocinarle el puré aunque haya papas duras.

Punto de reflexión

¿Cuál es el ideal de unidad que tiene el Señor para su iglesia?
¿Qué puedo hacer para cocinar ese puré?

Audiencia con el Rey

Señor, quiero contribuir a la unidad de la iglesia y no ser nunca causa de peleas o divisiones. Perdóname si he tomado parte en alguna de estas cosas y te pido que me des más amor por aquellos con los cuales no estoy del todo de acuerdo.

ACEPTACIÓN - APROBACIÓN

Encuentro 53

Romanos 15:7 *Por tanto, acéptense mutuamente, así como Cristo los aceptó a ustedes para gloria de Dios.*

Aceptación y aprobación no son la misma cosa. Dios nos llama a aceptarnos con amor los unos a los otros. Para un cristiano está prohibido hacer acepción de personas y el desafío que nos dejó el Señor es aceptar al pecador. Algunos confunden la aceptación con la aprobación y creen que aceptar es aprobarles todo. He visto cristianos que no quieren juntarse con nadie que no sea creyente porque piensan que al hacerlo están diciéndoles a los demás que aprueban lo que hacen. Eso es un error. Tenemos que seguir el ejemplo del mismo Jesús. A él lo acusaban de relacionarse con las personas equivocadas. Aun sus amigos no eran los más populares de las revistas religiosas de Israel. Se decía que Jesús era un liberal porque pasaba mucho tiempo con los pecadores. Lo que ocurría es que confundían aceptar con aprobar. Jesús desaprobó claramente los pecados de las personas que le rodeaban, sin embargo fue amoroso, sensible y misericordioso. Él conocía la diferencia. Sabía que aunque Dios odia al pecado ama al pecador.

Dios nos acepta tal cual somos aunque no aprueba nuestros pecados. Los cristianos debemos seguir su ejemplo y recordar que el amor es lo primero. Por eso debemos aceptar a todos sin importar lo que hay en sus bolsillos, el color de su piel, la marca de su ropa ni su tipo de peinado. Aprobar lo que hacen es otra historia.

Punto de reflexión

¿Cuál es la diferencia entre aceptar y aprobar?
¿En qué momento de mi vida debo diferenciar esto?

Audiencia con el Rey

Querido Rey, gracias por aceptarme incondicionalmente. Ayúdame a hacer lo mismo con otras personas. Permíteme dejar claro qué es lo que no apruebo sin tener que dejar de aceptar.

Vuelta a casa

Encuentro 54

Hebreos 4:15 *Porque no tenemos un sumo sacerdote incapaz de compadecerse de nuestras debilidades.*

Se cuenta la historia de un soldado que cuando estaba por regresar de Vietnam llamó a casa de sus padres para darles la noticia.

—¡Mamá y papá por fin vuelvo a casa!, pero tengo que pedirles un favor. Tengo un amigo que no tiene a dónde ir y quisiera llevarlo a casa.

—Seguro, no hay problema —respondieron los padres.

—Pero hay algo que deben saber, mi amigo fue herido terriblemente en una de las batallas. Pisó una mina y la explosión le voló un brazo y una pierna.

—Lamentamos escuchar eso. Quizás podemos ayudarle a encontrar un lugar dónde vivir.

—No —respondió el hijo—. Quiero que viva con nosotros.

—Pero querido, una persona con semejantes problemas necesita un lugar especializado, ¿cómo haríamos para seguir viviendo como lo hacemos con una persona así en la casa?

En ese momento, el joven colgó el teléfono. Los padres no escucharon más de su hijo, hasta que recibieron un llamado de la policía de San Francisco. Había muerto al caer de un edificio. Aparentemente se trataba de un suicidio. Los padres no lo podían creer. Golpeados y enmudecidos siguieron las instrucciones de la policía y fueron a la morgue a reconocer el cuerpo de su hijo. Lo reconocieron, pero hubo algo que los llenó todavía de más horror; su hijo soldado tenía solo un brazo y una pierna.

Los padres de esta historia no son muy diferentes a nosotros. Es fácil aceptar a alguien que se ve bien y no tiene problemas físicos, pero nos cuesta amar y entablar relaciones con personas que no son tan bellas, sanas o inteligentes como quisiéramos. Lo bueno es que Dios no es así. Él nos ama incondicionalmente siempre y así deberíamos nosotros aceptar a los demás.

Punto de reflexión

¿Conozco a alguien con algún impedimento físico?
¿Qué trato espero de los demás, si esa persona fuera yo?

Audiencia con el Rey

Querido Rey, dame más de tu compasión. Quiero ser alguien que pueda dar lugar en mi vida a los que tienen impedimentos físicos o no son como la sociedad pretende.

Un poco más de obediencia

Encuentro 55

1 Juan 3:24 *El que obedece sus mandamientos permanece en Dios, y Dios en él.*

No recuerdo el nombre de aquel predicador al que le escuché decir que los mandamientos de Dios no son para saberlos sino para obedecerlos

G. Campbell Morgan decía que es mejor ir a cualquier lado con Dios que a otra parte sin él. El camino de la obediencia a Dios es siempre el más inteligente. Hace poco escuchaba a una amiga que había desobedecido a Dios en cuanto a los lineamientos cristianos para tener una relación de pareja y sostuvo relaciones sexuales con su novio. El resultado fue un embarazo. Ella me contaba de las idas y venidas de su novio. Un día quería estar con ella y hablaba de hacerse responsable del bebé. Otro día no quería saber nada de ninguno de los dos. Ella me decía: «No puedo seguir así. Quiero irme a otra ciudad para estar lejos de él y pasar este tiempo más tranquila». Mientras ella me contaba yo pensaba: ¿Por qué no habrá pensado en esto antes? Ella sabía cómo era su novio y había entablado esa relación sin seguir el consejo de Dios, de su pastor, ni de sus padres. Ahora se sentía arruinada y su vida se había complicado increíblemente.

Es realmente necio no obedecer a Dios. Cuando él dice que no, no es porque sea un viejo de larga barba blanca aburrido encima de una nube que no tiene otro entretenimiento que ponernos mandamientos y trabas imposibles de cumplir. Cuando Dios dice que no a algo es porque nos ama y sabe que eso va a lastimarnos. Obedecer a Dios cada día es el camino más inteligente por el que podemos transitar.

Punto de reflexión

¿Por qué nos cuesta obedecer a Dios?
¿Por qué es mejor obedecerlo?

Audiencia con el Rey

Querido Rey, quiero ser más obediente a tus mandamientos. No hay otro camino más inteligente que hacer tu voluntad.

Encuentro 56

¿DIRÍAS SÍ?

2 Timoteo 4:6 *Yo, por mi parte, ya estoy a punto de ser ofrecido como un sacrificio.*

20 de Abril de 1999. Era un día de clases como cualquier otro. Cassie Bernall fue a su escuela, la secundaria Columbine en Littleton, Colorado. Dos de sus compañeros, Eric Harris y Dylan Klebold iban en la misma dirección pero armados de un rifle semiautomático, una pistola y docenas de bombas caseras. Todo transcurría normal mientras Cassie hacía su tarea en la biblioteca. De repente una de las profesoras entró dando gritos diciendo que había dos jóvenes armados en el pasillo. Al principio nadie lo creyó, pensaron que se trataba de una broma de los que estaban por graduarse. Detrás de la profesora entró un adolescente sangrando que cayó al suelo. Todos trataron de cubrirse. Harris y Klebold entraron a la biblioteca y empezaron a disparar. Cassie comenzó a orar con insistencia. Los muchachos la escucharon. Uno se acercó y le preguntó: «¿Crees en Dios?» Ella hizo una pausa, y con firmeza dijo: «Sí». Al instante le volaron la cabeza.

El testimonio de esta joven de diecisiete años recorrió todos los medios de comunicación de Estados Unidos. Cassie dio su vida por su fe en Dios.

Es probable que nos toque vivir lo que a Cassie. Sin embargo, día tras día aunque sea sin palabras muchos de nuestro conocidos nos hacen la misma pregunta: ¿Crees tú en Dios? A veces no queremos hacer la voluntad de Jesús por miedo a las críticas, por desprecios o por flojera. Arriesguemos, hagamos algo nuevo. No hace falta pedir permiso para mostrar que creemos en Dios cada día.

Punto de reflexión

¿Qué hubieras hecho en el lugar de Cassie?

Audiencia con el Rey

Señor, dame valor para representarte bien donde quiera que esté. Quiero ser valiente como Cassie Bernall y decir «sí» pese a las circunstancias.

UN CUENTO DE GAUCHOS

1 Corintios 13:4-5 *El amor es paciente, es bondadoso. El amor no es envidioso ni jactancioso ni orgulloso. No se comporta con rudeza, no es egoísta, no se enoja fácilmente, no guarda rencor.*

Encuentro 57

Cuenta una vieja historia de los gauchos de la pampa Argentina que en plena creación, Dios se dedicaba a moldear las figuras de los pájaros con sus manos en el barro. Solo que además de darles forma también podía regalarles la vida. Luego de hacer el trabajo con mucha dedicación, los ponía secar al sol, los tomaba en sus santas manos y les daba vida. Un día, Dios se despertó realmente inspirado. Quiso hacer algo hermoso. Iba a crear al colibrí o como le dicen los indios guaraníes, Nainumby.

Buscó entre las flores más lindas los colores más brillantes y llamativos. En el río recogió la luz que la luna había dejado por la noche y de la tarde tomó los colores suaves y oscurecidos. Mezcló todo esto con tierra pura, y lo amasó despacio con sus dedos divinos hasta hacer una pasta tierna y delicada. Luego le dio forma de pájaro. Lo dotó con una chispa de fuego y la rapidez del relámpago. Así nació el colibrí. Humedecido por el soplo divino, el pajarillo se estremeció y batiendo sus alas, voló en línea recta hacia arriba, dobló en ángulo cerrado sobre sí mismo y se perdió en el cielo. Resulta que el diablo estaba espiando para tratar de copiar lo que Dios hacía. Agarró casi las mismas cosas y fue haciendo algo parecido a lo que había visto. Juntó las flores, tomó los colores del atardecer, y con sus dedos largos y peludos trató de hacer la dichosa pasta. Pero no le salió exacta porque de copión tenía un ojo en lo que hacía él y otro en lo que hacía Dios; sin embargo le pareció que estaba lista. Claro que no se movía porque no tenía vida. Pero el diablo lo acercó a su boca y le sopló su asqueroso aliento. En cuanto se lo puso en el hocico el pobre bicho reaccionó de asco y aplastándose en la mano trató de alejarse del mal olor. En ese momento el diablo lo lanzó al aire y el pobre animal en vez de volar cayó como una piedra y se terminó de aplastar. Así nació el escuerzo, el sapo más feo.

Aunque es una fábula, esta historia tiene un principio muy valioso. Dios creó todo lo hermoso y le dio el beso de su bendición. El diablo quiso copiarlo y lo arruinó todo. Por ejemplo, copiando el amor, creó su versión de pasión descontrolada, deseo egoísta, la pornografía, la prostitución, la lascivia y la promiscuidad.

Punto de reflexión

Para el mundo «tener sexo» es lo mismo que «hacer el amor». ¿Por qué decir que no son la misma cosa? ¿Cómo describirías el verdadero amor?

¿Qué otro ejemplo de «escuerzos» se te ocurren?

Audiencia con el Rey

Querido Rey, permíteme hoy, diferenciar lo que es tuyo de lo que son copias del diablo.

Encuentro 58

EL TEMOR ES UN NEGOCIO MILLONARIO

Isaías 41:10 *Así que no temas, porque yo estoy contigo; no te angusties porque yo soy tu Dios. Te fortaleceré y te ayudaré; te sostendré con mi diestra victoriosa.*

Todos los años Hollywood invierte millones de dólares en películas de terror y el resultado final es pura ganancia. Sin importar cuán parecidas sean las películas, ni que tengan secuelas interminables con el mismo argumento, la sangre, los desmembramientos corporales y las persecuciones son un «verdadero monstruo» de hacer dinero. Se calcula que solo en Estados Unidos para Halloween (31 de octubre) se consume cerca de dos billones de dólares en mascaras, disfraces y adornos terroríficos. Es evidente que el temor vende y no hace falta pensar por qué; absolutamente todos los seres humanos experimentamos algo de temor. Varias veces me he puesto a pensar en lo feo que debe ser no tener plena confianza en el Señor. Al no tener seguridad en él, todo lo espiritual es algo oscuro y tenebroso. Para muchos la oscuridad es hasta enloquecedora y cuando se empieza a hablar del área espiritual se llenan de miedo y terror. No es así para los cristianos. Nosotros sabemos que el Señor es un Dios de amor y nos cuida. Él es más poderoso que cualquier espíritu de tinieblas, vela por nuestras vidas, y en plena oscuridad o en la situación más tensa podemos tener confianza de que siempre tiene algo mejor para cada uno de nosotros.

Punto de reflexión

¿Cómo puede Dios ayudarme a superar el miedo?

Audiencia con el Rey

Querido Rey, gracias porque tu cuidado está siempre conmigo y no tengo por qué temer a las cosas espirituales

Encuentro 59

Deporte X

1 Pedro 3.14 *¡Dichosos si sufren por causa de la justicia!*

¿No te fascina ver los saltos que pueden dar los patinadores profesionales? ¿Soñaste alguna vez en lanzarte de un puente con una soga elástica atada a tus tobillos? Me encanta ver en la televisión los juegos X. El canal ESPN fue uno de los primeros en empezar a transmitir esta clase de competencias como una alternativa a los deportes clásicos. La nota común de los deportes X es el riesgo y la evidente rebeldía de sus participantes. Las reglas de esos juegos no están muy claras como en los deportes convencionales y siempre hay gran margen para la creatividad. No hace falta ponerse un uniforme, lo máximo que se puede ver en esos deportistas es ciertas marcas de sus patrocinadores, pero es muy común verlos en jeans y ropa de la calle. Yo creo que esa debe ser la misma forma de los evangelistas hoy. Compartir nuestra fe demanda riesgo. A veces podemos ser víctimas de la risa de otros o encontrarnos contra un paredón. En la escuela ser cristiano es arriesgarse a ser diferente y muchas veces tenemos que ir contra la corriente; eso es ser rebeldes. Tampoco hay reglas muy precisas acerca de cuál es la mejor manera de compartir tu fe. Siempre hay un par de fórmulas dando vueltas, pero la verdad es que podemos ser muy creativos en cuanto a cómo decirles y mostrarles a otros que nuestro mejor amigo es Cristo. Tampoco necesitamos un uniforme determinado. A mí me da pena cómo algunos cristianos adultos relacionan el cristianismo con ciertas maneras de vestirse. Lo que hay que tener es marcas bien claras respecto a nuestros valores, pero somos más efectivos cuando lo hacemos en la calle con nuestra ropa y actividad de todos los días.

Punto de reflexión

¿Cuánta disposición tengo para sufrir un poco de riesgo y vértigo por mi Señor?

Audiencia con el Rey

Señor, quiero ser alguien que se anime a hablarle a otros de ti. Gracias por darme tanta libertad para hacerlo. Ayúdame a lograrlo de la manera más efectiva.

Nunca es seguro mirar al futuro con temor

60 Encuentro

Hebreos 11:1 *Ahora bien, la fe es la garantía de lo que se espera, la certeza de lo que no se ve.*

La fe es la convicción de lo que no se logra ver. Es mirar al futuro con ojos de confianza y seguridad. Lo contrario de la fe es la duda y el temor. Todos sabemos que Dios eligió a la fe como el camino de la salvación y la vida abundante; eso quiere decir que vivir con fe es igual a caminar de la mano de Dios. Mirar al futuro con temor es mirarlo sin Dios. La fe dice: «Con Dios todo es posible». La falta de fe dice: «Es imposible, vamos a fracasar». La fe afirma: «Podemos intentar algo nuevo porque si Dios está de nuestro lado vamos a lograrlo». La falta de fe declara: «Vamos a lo lógico y seguro».

Con fe podemos crecer pero sin ella nos quedamos estancados y con lo rutinario. Con fe creamos pero sin ella solo mantenemos y eso es un gran peligro porque mantenerse en lo rutinario aburre y desanima. Conozco muchos adultos que dicen tener fe en Dios y que saben vivir por la fe. Sin embargo, no les veo intentar cosas nuevas para Dios ni crecer en su vida espiritual. Siempre están en el mismo punto y con temor a cambiar. Sin lugar a dudas que eso es falta de fe; porque es mirar al futuro con ojos de temor.

Mirar a los grandes líderes de la historia de la iglesia es ver hombres y mujeres llenos de fe. Ellos entendieron que la fe era acción y riesgo y nunca una actitud pasiva o un simple «si creo». Corrie Ten Boom estuvo en un campo de concentración nazi donde era imposible creer que sobreviviría. Tiempo después dijo: «La fe es como un radar que penetra la neblina, la realidad de las cosas y llega a una distancia que el ojo humano no puede ver». Ella vivió su presente con la seguridad que le daba su fe en Dios.

A tu generación le toca vivir en un tiempo de sospecha, de realismo y de rutina mecánica. Dice la Biblia que dejarse llevar por la corriente de este mundo oscurece la vida. La iglesia debe ser una fuente de esperanza, buenas noticias y fe. Mirar al futuro sin fe es inseguro y solo te llevará a una vida mediocre, calculada y aburrida. Te invito a seguir viviendo la aventura de la fe.

Punto de reflexión

¿Cómo miro al futuro?
¿Cómo puedo aplicar la fe a mi vida?

Audiencia con el Rey

Querido Rey, dame fe. Quiero vivir la vida con plena energía y sin conformarme a expectativas que no sean las tuyas. Quiero mirar al futuro con fe.

Encuentro 61

¿Sabes escuchar a Dios?

Viviana Santa
Bogotá, Colombia

Romanos 8:28 *Sabemos que Dios dispone todas las cosas para el bien de quienes lo aman, los que han sido llamados de acuerdo con su propósito.*

¿Por qué yo? Es una pregunta que a menudo nos hacemos cuando tenemos pruebas. Hasta llegamos a decir: ¡No me merezco esto! Aun sabiendo que Dios permite las pruebas para nuestro bien pensamos que de ellas no saldremos o que no podremos soportar el resultado de lo que eso representa. En el transcurso de la enfermedad de mi padre aprendí a conocer mucho a Dios. Me parece mentira por todo lo que pasó mi familia y me asombro la manera en que Dios nos acompañó. Nunca pensé soportar la ausencia de algún familiar, pero me tocó despedir al más cercano de todos, mi padre. Mi familia era unida. Teníamos una relación muy bonita entre los cuatro. Mi papá siempre nos enseñó buenos principios y con mamá, nos educó muy bien a mi hermano y a mí.

Cuando mi papá enfermó de cáncer, sentimos que el mundo se nos iba a acabar. Me preguntaba por qué nos tocaba a nosotros que éramos una familia tan linda. ¿Por qué tenía que estar sucediendo eso tan feo? En fin, tenía muchas preguntas debido a que no entendía que a través de esta prueba íbamos a conocer del amor de Dios. A través de la enfermedad de mi papá, mi familia y yo le entregamos nuestras vidas a Dios. Todo empezó a cambiar. Sufrimos muchísimo cuando murió al año. Yo hubiese querido verlo activo en la iglesia y juntos ser una familia cristiana ejemplar. Pero hoy me alegro porque Dios cumplió algo mucho más maravilloso que eso. Mi papá está disfrutando del amor de Dios indudablemente y nosotros estaremos con él por la eternidad. Como el herrero forja el acero al rojo del fuego, así Dios nos fortalece por medio de la prueba. Escuché la voz de Dios respondiéndome que él nunca me había dejado en la prueba y que a través de ella podría disfrutar más de su amor y un día iba a regocijarme con mi papá allá en el cielo.

Punto de reflexión

¿Reniego de mis pruebas y no sé escuchar?
¿Qué pasaría si no fuese probado por fuego?

Audiencia con el Rey

Señor, aunque tengo que sufrir dolor en las pruebas, te agradezco por ellas. Así mismo te pido que solo tú gobiernes cada prueba. Ayúdame a oír tu voz para que mi dolor se convierta en fortaleza.

Encuentro 62

Limonada

Romanos 8:28 *Ahora bien, sabemos que Dios dispone todas las cosas para el bien de quienes lo aman.*

A todos nos toca pasar por etapas agrias y con mal sabor. A veces son difíciles y quisiéramos que nunca pasasen, pero allí están mirándonos a los ojos. La Biblia nos recuerda que también las cosas más difíciles suelen ser de gran provecho cuando las vemos desde la perspectiva de Dios. Esto no quiere decir que todo lo que nos ocurre es bueno, ni que Dios sea el causante directo de todo lo que nos sucede. Yo me enojo mucho cuando escucho a ministros explicar cualquier calamidad diciendo que es la voluntad de Dios. ¡No! Lo que este versículo quiere decir es que Dios también usa las circunstancias adversas para nuestro bien. Esos limones nos pueden ayudar a hacer una limonada que refresque a otros cuando estén pasando por alguna circunstancia parecida a la nuestra. Tengo una amiga llamada Bárbara que era alcohólica y tenía un padre abusador. Los relatos de su vida son para tener un pañuelo cerca. Sin embargo, ella es una persona llena de alegría y ayuda en un centro de consejería gratuito que funciona al sur de California. Bárbara atiende el teléfono cada vez que hay llamadas de emergencia cuando alguien quiere suicidarse o no sabe qué hacer con su vida. Yo la he escuchado aconsejar sabiamente a los que llaman y he visto cómo una y otra vez usa los sucesos más tristes de su vida para dar esperanza a los que la necesitan. Bárbara ha aprendido a usar las cosas amargas de su vida apara ayudar a otros y en el proceso se ha ayudado a sí misma. Es increíble escucharla decir de cuánta «bendición» ha sido todo su sufrimiento para la vida de tantas otras personas, y ella se siente muy bien respecto de sí misma por ello. Bárbara fue la que me dijo una vez: «Si la vida te da limones, con Dios puedes convertirlos en una buena limonada».

Punto de reflexión

¿Cuál será la perspectiva de Dios respecto a los problemas que tienes? ¿Cómo hacer limonada con los limones de la vida?

Audiencia con el Rey

Querido Rey, te doy gracias porque puedes ayudarme a cambiar mis problemas en bendiciones. Gracias porque puedo contar contigo siempre. Hoy quiero que me ayudes a tener tu perspectiva respecto a los momentos amargos de mi vida.

Encuentro 33

TÍRALE A LA LUNA

Colosenses 3:2 *Concentren su atención en las cosas de arriba, no en las de la tierra.*

Estábamos en medio del campo y ya estaba anocheciendo. Mientras tanto, dentro del rancho, nuestros padres hacían los arreglos para emprender el regreso a la ciudad, todos los primos jugábamos cerca de unos árboles. Todos saben que los niños no tienen problemas con inventar juegos nuevos y eso era lo que estábamos haciendo. La competencia era ver quién tiraba la piedra más alto. El primo más pequeño lanzaba la piedra y pegaba en una de las ramas del árbol. Después tiraba otro de los más grandes y la piedra llegaba casi hasta la punta de las ramas. Yo estaba por lanzar la mía cuando apareció mi tío más joven (ese que es como un hermano mayor para todo el resto de los primos). Nos preguntó qué estábamos haciendo. Nuestro primo mayor se adelantó y piedra en mano la tiró hasta la punta del árbol sobrepasándola un poquito. ¡Uao!, dijimos todos. Enseguida reclamé que era mi turno, entonces el tío se acercó y me dijo: «No mires el árbol, tírale a la luna». No entendí la razón pero busqué la luna, la cual sin que nos hubiéramos dado cuenta ya estaba en lo alto. Respiré profundo, junté toda mi fuerza y al arrojarla de cara a la luna noté que iba a una gran velocidad. Todos quedamos sorprendidos y yo más. La piedra fue más alto que las otras y pudimos escucharla caer al otro lado del árbol.

Nunca olvido esa escena, por años ocupó tiempo en mis meditaciones infantiles. Tirarle a la luna es lanzar a lo más alto. Es apuntar a lo imposible y llegar al límite de nuestras posibilidades. Hasta el momento en que mi tío sugirió aquello todos medíamos nuestras fuerzas respecto al árbol, pero con su consejo pudimos mirar más arriba.

Muchos tienen muy pocas expectativas de sus fuerzas. Muchos adolescentes se miden con sus hermanos o sus papás y creen que no pueden llegar más lejos. Si es así tienes que mirar a la luna. Apunta a lo más alto que puedas y aunque no puedas llegar a todo, habrás hecho tu mejor intento.

Punto de reflexión

¿Mi vida apunta alto o estoy enfocado en algún árbol?
¿Cómo puedo tener expectativas más altas de mi persona?

Audiencia con el Rey

Querido Rey, hoy quiero apuntarle a la luna en todo lo que emprenda. Quiero vivir mi vida con excelencia y dar el máximo en cada área. Te doy gracias porque cuento con tus fuerzas y tus metas para enfocar mi vida a alcanzar lo mejor posible.

Encuentro 64

CUATRO SABIOS

Proverbios 30:24-28 *Cuatro cosas hay pequeñas en el mundo, pero que son más sabias que los sabios: las hormigas, animalitos de escasas fuerzas, pero que almacenan su comida en el verano; los tejones, animalitos de poca monta, pero que construye su casa entre las rocas; las langostas que no tienen rey, pero que avanzan en formación perfecta; las lagartijas, que se atrapan con la mano, pero que habitan hasta en los palacios.*

¿Qué tienen de especiales estas cuatro criaturas para que la Biblia las llame más sabias que los sabios? A simple vista son seres casi insignificantes, pero la Biblia las pone de ejemplo para que aprendamos de ellas.

Las hormigas. Ellas previenen lo que va a ocurrir y toman los recaudos necesarios para estar listas. En otras palabras, las hormigas evitan los problemas antes de que ocurran. Tienen visión futura y no se conforman solo con hacer lo que les sería más cómodo en el presente.

Los tejones. Ellos no son animales vigorosos pero hacen su casa en la roca. ¿Qué puede parecer más inofensivo que un roedor? Obviamente no son fuertes por sí mismos. Pero justamente por eso es que colocan estratégicamente su casa. De ahí viene su fortaleza. Nosotros también somos fuertes cuando escondemos nuestra vida en Cristo, la roca de los siglos.

Las langostas. No tienen rey como las abejas, sin embargo marchan ordenadas como ejército y pueden destruir un campo entero. Esto nos habla de responsabilidad. Las langostas no necesitan que alguien las dirija o amenace para que hagan lo que les corresponde. Cada una hace lo que le toca y se coloca donde debe aunque nadie las esté supervisando.

Las lagartijas. No son grandes ni bienvenidas en casi ningún lado aunque pueden meterse hasta en el palacio de los más poderosos de la tierra. Son difíciles de atrapar, sagaces y atrevidas. Se meten donde ellas creen que deben estar.

Punto de reflexión

¿Qué puedo aprender de estas criaturas?

Piensa en estas palabras: prevención, estrategia, responsabilidad y atrevimiento.

Audiencia con el Rey

Querido Rey, quisiera añadir a mi vida las características de estas criaturas. Quiero arreglar los problemas antes de que ocurran, ser fuerte en ti, ser responsable con lo que me toca hacer aunque nadie me mire y tener detenerme ante nada para realizar lo que me pides.

Encuentro 65

Sinceridad

Isaías 1:18 *Vengan, pongamos las cosas en claro —dice el Señor—. ¿Son sus pecados como escarlata? ¡Quedarán blancos como la nieve!*

La palabra sinceridad se deriva de otras dos palabras: «sin» y «cera». En la antigüedad cuando se hacían vasos de barro o arcilla y el alfarero los ponía en el horno, estos podían salir bien o quebrarse en su horneado. Obviamente no tenía el mismo atractivo un vaso todo agrietado que uno cuya superficie estaba completamente lisa. Entonces lo que hacían algunos alfareros era rellenar las grietas con cera. Todo parecía estar perfecto y la gente compraba el vaso igual. El problema salía a luz cuando el vaso era sometido al calor. ¿Qué sucedía? La cera se derretía y aparecían las grietas originales.

El Rey está buscando hijos sinceros, sin fingimiento de ninguna índole. Una iglesia y un cristiano que confiesan su fragilidad humana, sus grietas, y que realmente son vasos de barro, se abren a la gracia transformadora de Dios. La sinceridad abre la puerta a la confesión y esta abre los portones al cambio. Muchos temen ser sinceros respecto de sus pecados y debilidades por temor a ser condenados. Es muy triste que esto suceda en la iglesia. Algunos actúan como si la iglesia fuera una comunidad de ángeles y nadie habla de sus tendencias pecaminosas. Los líderes que crearon este espíritu en la iglesia estaban en un gran error. Si no confesamos y no somos sinceros no podemos cuidarnos unos a otros y además no es cosa de escondernos de nadie, después de todo el que esté limpio que tire la primera piedra.

Cuando era soltero, entre mis amigos más cercanos nos confesamos aun nuestras tentaciones sexuales y empezamos a cuidarnos los unos a los otros. Fuimos sinceros y de verdad sirvió para ayudarnos a vivir en santidad. Hoy vivo en otro país y estoy casado pero también tengo amigos que me hacen preguntas incómodas para saber cómo estoy viviendo.

Anímate a dar la bienvenida a la sinceridad total a tu vida. Cuando hay una grieta no la cubras con cera, habla con tus líderes y sobre todo muéstrasela al alfarero celestial.

Punto de reflexión

¿Cómo anda mi sincerómetro?
¿Quiero ser una persona sin cera?

Audiencia con el Rey

Señor, no quiero ser una persona con fingimientos, quiero tener libertad para mostrar siempre lo que siento, pienso y soy. Voy a confesarte mis grietas y disfrutar en tus manos de alfarero.

Encuentro 66

EL CAMALEÓN

Santiago 4:4-5 *¿No saben que la amistad con el mundo es enemistad contra Dios? Si alguien quiere ser amigo del mundo se vuelve enemigo de Dios. ¿O creen que la Escritura dice en vano que Dios ama celosamente al espíritu que hizo morar en nosotros?*

El camaleón tiene la capacidad de mimetizarse. Esta facultad le permite cambiar de color y confundirse con la vegetación que lo rodea. Adopta el color de las hojas y las plantas dónde vive, evita que otros animales e insectos molesten e interrumpan su intimidad.

Muchos adolescentes cristianos parecen tener la capacidad de mimetizarse como el camaleón según donde se encuentren. Si están en la iglesia, son cristianos almidonados de aquellos que dicen: «El celo de Jehová me consume», cantándole al Señor con cara de telenovela. Si están fuera de la vista de otros cristianos son donjuanes y mujeres fatales.

Al principio esta costumbre parece divertida. Quedas bien con todo el mundo y no tienes problemas ni en casa ni en la escuela. Pero tarde o temprano todo sale a la luz. Dice la Biblia: «No hay nada oculto que no haya de ser manifestado» y es totalmente cierto. Así me pasó a mí y varias veces pasé de ser un héroe a un hazmerreír en un «abrir y cerrar de ojos». Mimetizarnos con el mundo es crear una amistad con todas las cosas opuestas al plan de Dios para nuestras vidas. Es que no se puede notar que somos cristianos si hablamos, nos relacionamos, vestimos y hacemos todas las cosas que hacen los que no son de Cristo. Y no estoy hablando de que debemos ser unos marcianos, ya que vivimos en este mundo. Pero nuestros valores deben ser diferentes y eso debe impactar nuestras costumbres.

Un día encontré en mi Biblia los versículos de Santiago y fue como si el apóstol hubiera imaginado mi cara y me los hubiese escrito exactamente a mí: «Acérquense a Dios, y él se acercará a ustedes» (Santiago 4:8). Una vez que me mostré seguro de mis creencias frente a mis amigos no cristianos, es cierto que primero hubo algunas burlas pero, pronto ellos mismos me aceptaron con más respeto. Después de todo yo era lo suficientemente valiente como para ser diferente.

¿Te estás mimetizando dondequiera que estés? Vamos, no seas camaleón.

Punto de reflexión

¿Qué es mimetizarse?

¿Con quién tengo una mejor amistad: con Dios o el mundo?

Audiencia con el Rey

Querido Dios, quiero acercarme a ti. El mundo no es más que un montón de intereses cruzados, pero tú me amas de verdad. Necesito mayor fuerza para no mimetizarme y ser lo suficientemente valiente para ser diferente. Quiero que se note que tengo tus valores dentro de mí.

Encuentro 67

SE TE CAE LA HOJA DE HIGUERA

Génesis 3:7 *En ese momento se les abrieron los ojos, y tomaron conciencia de su desnudez. Por eso, para cubrirse entretejieron hojas de higuera.*

Inmediatamente después de la caída, Adán y Eva se dieron cuenta de que estaban desnudos y trataron de taparse. Desde entonces los seres humanos han tratado de encubrir situaciones en su vida, su personalidad, creencias y sus necesidades para que sus semejantes no se den cuenta de lo que son en realidad. Tratamos por cualquier medio (hojas de higuera) de cubrirnos porque en realidad tenemos miedo que se conozca todo de nosotros.

Muchas veces usé hojas de higuera para enmascarar algo que pretendía ocultar, aunque no fuera necesariamente mala. Recuerdo que en mi adolescencia trataba de evitar decir o mostrar que era cristiano. Quería que me vieran como el más rebelde o desinteresado de la escuela. Trataba por todos los medios de crear una imagen de chico malo y seguro de sí mismo cuando en realidad ante la mirada de los demás me sentía más inseguro que bombero desnudo en medio del fuego. Me miraba en el espejo y pensaba cómo me vería este o aquel, compraba todo de la mejor marca porque si no mi nivel de popularidad bajaría en la escuela. No me daba cuenta de que aunque dijera Calvin Klein, Levis o Guess lo que me ponía encima era también un tejido de hojas de higuera.

Hoy miro al pasado y deseo que observes que con Dios podemos sentirnos seguros y especiales. Con su abrazo no necesitamos nada más. No es tan importante la imagen que edifiquemos de nosotros mismos sino lo que verdaderamente tenemos dentro. Cuando tenemos integridad y seguridad podemos confesarle a Dios las cosas que están mal y experimentar su perdón. También podemos expresarles más libremente a otros cuáles son nuestras creencias, gustos y nuestros sueños.

Punto de reflexión

¿Cuáles son las hojas de higuera que uso?
¿Cómo ser íntegros ante Dios?

Audiencia con el Rey

Querido Dios, gracias por amarme tal cual soy. Gracias porque en tu misericordia no necesito taparme con hojas de higuera. Gracias porque con tu ayuda no necesito esconder nada y puedo ser una persona íntegra y valerosa. Deseo que me sigas limpiando y dándome fuerzas para ser una persona segura.

Encuentro 68

NO CAIGAS EN EL PLAN B

María Eugenia Campos
Tandil, Argentina.

Romanos 12:2 *No se amolden al mundo actual, sino sean transformados mediante la renovación de su mente. Así podrán comprobar cuál es la voluntad de Dios, buena, agradable y perfecta.*

¿Cuántas veces hemos caído en el plan B? ¿Cuántos viven en ese plan? Hace poco tiempo descubrí que la estrategia que Satanás está usando para atraparnos es mucho más sencilla de lo que imaginamos. Un plan sencillo para una conquista simple. Si el mismo diablo conoce que muchas veces ha atentado contra nosotros pero que a pesar de todo siempre amaremos a Dios, ¿qué puede hacer entonces para congelarnos y no dejarnos alcanzar todo lo que Dios nos ha prometido?

Muy fácil, si no puede tenernos, entonces intenta ***CONFORMARNOS***. De esta manera puede asegurarse que terminemos haciendo todo lo que él quiere: ¿Nunca tuviste la posibilidad de llegar a tener algo muy parecido a lo que querías en menos tiempo o con menos sacrificio de lo que te costaba llegar al original?

Creo que ese es el secreto. A diario tenemos cinco mil caminos con atajos para llegar a lo que queremos, pero si los aceptamos, a la larga nos damos cuenta de que no es lo mismo. Puede pasarte en cualquier área de tu vida; sentimientos (alguien parecido al que verdaderamente amas), en tus estudios (una carrera más corta y rentable que la que realmente sueñas), en tu trabajo, con tus amistades; en fin, muchas veces no nos animamos a pelear y esperar lo que realmente queremos en Dios. Y en ocasiones culpamos al Señor con la famosa excusa: «Si es la voluntad de Dios... tengo que aceptarla». Pero vuelve a leer lo que él afirma en Romanos 12.2.

Punto de reflexión

Nunca encontrarás una oferta mejor que la que Dios hace para tu vida. Alguien una vez me dijo: «Cambia tu manera de pensar para cambiar tu manera de vivir». Para no conformarnos, el Señor dice que debemos renovar nuestro entendimiento, es decir que sus pensamientos sean los nuestros.

Audiencia con el Rey

Señor, aunque a veces cueste creer en tus planes, le pido al Espíritu Santo paciencia para esperar que cada meta en mi vida se cumpla en tus tiempos. Señor, ayúdame a no conformarme nunca y pelear duro por conseguir todos los sueños que vayas poniendo en mi corazón.

Encuentro 69

NO ME METAN EN LA BOLSA

1 Pedro 1:14, 15 *No se amolden a los malos deseos que tenían antes, cuando vivían en la ignorancia. Más bien, sean ustedes santos en todo lo que hagan, como también es santo quien los llamó.*

Todos, chicos y grandes estamos atrapados por una cultura. En nuestro caso, la cultura occidental capitalista ¿qué es esto? Es la sociedad de consumo: «El quiero más, no se para qué sirve, pero lo necesito». El tener que estar siempre a la altura de las circunstancias con algo más en los bolsillos.

A esto llamo yo la bolsa. La bolsa es el sistema, las costumbres, los hábitos sociales, la onda. Creo que es a lo que el Nuevo Testamento nos recomienda que no nos conformemos cuando indica: «No se amolden al mundo actual» (Romanos 12:2).

No hay edad para estar metido en la bolsa, para tus amigos será sentir la presión por vestir con determinada marca; para nuestro padres será tener una auto nuevo aunque el que tengan esté en perfectas condiciones. Pero sea cuál sea la presión social a la que estamos enfrentados, Dios nos invita a no amoldarnos a esas circunstancias. Él nos exhorta a tener una escala de valores diferente a la que nos proponen las reglas de juego de los mercados.

Veamos cómo empieza todo: Cuando los grandes empresarios intentan vender su producto recurren a la publicidad. Los publicistas buscan la forma de hacernos creer que debemos comprar algo, aunque no lo necesitemos en lo más mínimo. Tienes diez jeans en el armario, pero salió uno ahora con la bragueta en la cola como los que usan los de «MTV» y sientes la necesidad de comprarlo. Comienzas a suplicar a mamá: «Quiero, quiero, quiero...» y como parece que ese pantalón va a «darle sentido a tu vida», tu mamá lo compra. Ni ella ni tú se detienen a pensar si verdaderamente lo necesitas o si hay dinero para comprarse al menos uno. Tampoco piensan en que pasada una semana ese ya va a estar pasado de moda y es otra cosa lo que va a ser la condición de tu alegría.

El que es y el que no es cristiano deben usar su dinero de manera más responsable y no me refiero solo a comprar cosas que no sean necesarias. Nuestro criterio de gasto debe considerar cosas que están en el corazón de Dios. No podemos ser de aquellos que creen que tener «algo» más va a darle sentido a nuestra vida. Estar fuera de la bolsa es considerar los valores de Dios por sobre los de los medios masivos de comunicación; es realmente «ver» la vida desde la perspectiva del cielo y saber reconocer cuándo decir no a las presiones de la cultura.

Punto de reflexión

¿Qué es la cultura? ¿Cómo puede afectarme la cultura que me rodea?

Audiencia con el Rey

Querido Señor, no quiero ser una persona ingenua con respecto a las presiones de la sociedad de consumo. Quiero ser una persona santa y no amoldarme a la corriente de este mundo.

Encuentro 70

UNA DE PAVOS

Colosenses 3:2 *Concentren su atención en las cosas de arriba, no en las de la tierra.*

Una vez, un chileno que andaba por la Cordillera de los Andes encontró entre las rocas de las cumbres un extraño huevo. Era demasiado grande para ser de gallina y muy pequeño para ser de ñandú.

Se lo llevó y cuando llegó a su casa se lo entregó a su esposa. Aprovechando que tenían una pava empollando, puso el huevo junto con los demás. Cuando empezaron a romper los otros cascarones también lo hizo el huevo de las cumbres. El pichón resultó no ser del todo parecido al resto, pero como estaba allí la pava lo crió. Era nada menos que un pichón de cóndor; como le decían los indios quechuas, un «quntur».

Como este condorcito no tenía de donde aprender otras cosas, empezó a imitar lo que veía de sus hermanos pavos. Piaba como los otros pavitos, caminaba como los otros pavitos y seguía a mamá pavo en busca de gusanos y desperdicios. A veces se sentía un poco raro y cuando estaba solo se ponía a pensar. No ocurrían a menudo esos momentos de soledad porque los pavos no aguantan la soledad ni entienden que otros se dediquen a ella, lo que impedía que el joven cóndor se dedicara a reflexionar. El pavo tiene que andar en bandadas, sacando pecho para impresionar y arrastrando la cola (no fuma porque no tiene manos, sino seguro que lo haría). Cualquier pavo que se aparte de la bandada es prevenido con una sonora burla. Después de todo, aunque tienen alas no vuelan. Un día de cielo claro, nuestro cóndor levantó los ojos al cielo y quedó sorprendido al ver unas extrañas aves que dominaban las alturas. El cóndor sintió un sacudón en su interior y la adrenalina comenzó a correr más aprisa. Sus ojos acostumbrados a mirar hacia abajo en busca de gusanos, no llegaban a interpretar lo que sucedía en el cielo. Estaba confundido ¿Por qué no puedo volar como ellos? Era la duda de su corazón que burbujeaba como nunca. «¡Tengo alas y plumas como ellos!» —se dijo— cuando se acercó una de las pavas. Esta le preguntó que estaba haciendo con esa extraña actitud de «mirar hacia arriba». «¡Yo quiero volar como ellos!» —le dijo con lágrimas. Pero la pava se le rió en la cara y le contestó: «Tú eres un pavo y así tienes que andar. Deja ya las tonterías y los sueños. Tienes que ser realista. Ven con nosotros a buscar mucha fruta y de esos gusanos que tanto te gustan».

Desorientado y desilusionado, el pobre cóndor se dejó arrebatar el sueño y volvió con los otros pavos sin descubrir nunca su verdadera identidad.

Punto de reflexión

¿En qué te hace pensar esta historia? ¿En alguna oportunidad sentiste que dabas para más pero le hiciste caso a una pava?

Audiencia con el Rey

Señor, yo no quiero ser como el cóndor perdido. Quiero mirar las cosas de arriba y soñar con volar alto en mi vida. No quiero conformarme con poco. Gracias porque tienes buenos planes para quienes te sirven.

Encuentro 71

Los impulsivos

Proverbios 17:27 *...el que es prudente controla sus impulsos.*

Aunque a simple vista pareciera que las personas impulsivas son las de carácter más fuerte, estas suelen ser las más fáciles de dominar. ¿Por qué? Porque cuando encontramos el estímulo adecuado se les puede hacer reaccionar convenientemente. Por eso es tan importante tener la conciencia limpia y en comunión con Dios. Si somos impulsivos y además no tenemos una comunicación constante con el Señor, estamos expuestos a las tentaciones del diablo. Él conoce muy bien las características de las personas impulsivas. El diablo no sabe lo que sientes o lo que tienes en tu cabezota (a menos que él mismo lo haya puesto). Es más, no sabe cuándo va a tener éxito al tentar a alguien. Pero lo que sí tiene es una experiencia de miles de años tratando con millones de personas impulsivas. Él sabe que las personas que reaccionan naturalmente a cualquier cosa sin detenerse a razonar o a consultarlo con Dios son candidatos perfectos para hacer líos. Sabe que las personas que no tienen la fuerza necesaria para detenerse a pensar son sus blancos perfectos. Los impulsivos pueden ser populares, bellos, inteligentes y tener facilidad para hablar pero si solo dejan salir sus reacciones o se dejan manejar por lo que otras personas esperan de ellos no tardarán en ser manipulados por el diablo.

Algunos dicen: ¡Eh, el diablo me tentó! Sí, el pobre es lo único que puede hacer. Pero reaccionar impulsivamente o detenernos a pensar es nuestra decisión. La violencia, los pecados sexuales y las palabras torpes son siempre actos impulsivos. Lo que nosotros podemos hacer es limpiar nuestra conciencia y tener una relación fresca con el Señor. De esa manera seremos personas con dominio propio, que sabremos tener «puntos de reflexión» antes de reaccionar.

Punto de reflexión

¿Actúo como una persona impulsiva?
¿Qué puedo hacer?

Audiencia con el Rey

Querido Rey, te pido que me ayudes cada día a tener más dominio propio sobre todas mis reacciones. Quiero ser alguien que piensa antes de actuar. No quiero ser manipulado por nada ni nadie y menos por el diablo.

Encuentro 72

Dios se deleita conmigo

1 Juan 3:1 *¡Fíjense qué gran amor nos ha dado el padre, que se nos llame hijos de Dios! ¡Y lo somos!*

Cuando el apóstol Pablo habla de nuestra posición en Cristo, dice que somos «aceptos en el amado» (Efesios 1:6). Dios nos concedió su gracia en Cristo y Pablo se encarga de recordarnos una y otra vez que estamos en Cristo. Estar en Cristo significa recibir del Padre el trato dado al hijo. En el caso del bautismo de Jesús, sucedió lo siguiente: «Y una voz del cielo decía: Este es mi hijo amado, estoy muy complacido en él» (Mateo 3:17).

Por los méritos de Cristo has recibido la adopción gloriosa de ser parte de los hijos de Dios. A través de los hechos y antecedentes de Jesús tú has sido declarado justo o justa por medio de aquel que nos amó. Esas palabras de Dios enviando el Espíritu como paloma sobre Jesús hoy se aplican a ti y a mí. No importa cuál es nuestro estado natural ni el repertorio de imperfecciones que hasta hoy haya sido parte de nuestro concierto. En Cristo y por él, Dios se deleita con nosotros.

¿Qué tal experimentar lo siguiente? Estás en un acontecimiento importante de tu vida. Puede ser tu bautismo, tu casamiento, tu recepción como miembro, tu nombramiento como líder o cualquier otra cosa importante que se te ocurra. De repente se escucha una voz del cielo que dice con suavidad y firmeza a la vez: «Esta es mi hija amada en quien me deleito o este es mi hijo amado de quién estoy orgulloso». ¿Qué tal? Maravilloso y real a la vez. Porque en Cristo las cosas pasadas fueron hechas nuevas y ahora somos una nueva criatura, en la cual Dios ve con sus lentes de misericordia la marca de la cruz del Calvario.

¡Qué milagro poder decir a ciencia cierta el título de este devocional! Repítelo en voz alta. Usa la voz de la palabra y el micrófono de la fe y podrás escuchar la voz de Dios confirmándolo también.

Punto de reflexión

¿Cuán amados somos por Dios?
¿Cómo puedo ser del equipo de los «buenos hijos» de Dios?

Audiencia con el Rey

Gracias por tu gran amor. Ser tu hijo es la mayor honra que pueda haber en el mundo. Gracias por ser tan misericordioso que me miras en Cristo y te complaces conmigo.

Encuentro 73

El cerdo y el pollo

Mateo 16:25 *Porque el que quiera salvar su vida, la perderá; pero el que pierda su vida por mi causa, la encontrará.*

Un pollo y un cerdo iban caminando por la calle del pueblo cuando notaron a unos pobres niños sentados en el suelo como dormidos. Se veían como que no habían comido por varios días. La imagen los movió a compasión y el pollo le dijo al cerdo:

—Tengo una idea, por qué no le preparamos a estos niños un buen desayuno.

—¿Cómo? —le dijo el cerdo—. Mira, yo pongo unos huevos y tu pones el jamón.

El cerdo lo miró moviendo la cabeza de lado a lado y le dijo:

—Es fácil para ti decir eso, ya que en tu caso el desayuno implica un pequeño sacrificio, pero para mí significaría un compromiso total.

Cuando Jesús vino a salvarnos del pecado ya sabía que su misión significaba un compromiso total. Jesús estuvo dispuesto a morir por amor y compasión para con cada uno de nosotros. A veces nuestro compromiso es como el del pollo. Hacemos un pequeño aporte de tanto en tanto y de esa manera creemos que es suficiente. El cristianismo no es algo de medias tintas que se puede arreglar con algunos huevos. Para vivirlo a plenitud tenemos que dar la vida.

Punto de reflexión

Jesús dio su vida por ti, ¿Estás dispuesto a darle la tuya?
¿Mi compromiso se parece al del pollo o es como el del cerdo?

Audiencia con el Rey

Gracias Señor, por darme la vida, ¿qué puedo darte? Ayúdame a cumplir los propósitos que tienes con mi vida. En Cristo Jesús. Amén.

Encuentro 74

Todos los pedazos

Proverbios 23:26 *Dame hijo mío, tu corazón.*

Para reparar algo roto es necesario tener todos los pedazos. Muchos quieren que Dios les sane un corazón herido pero no están dispuestos a darle algunos de los pedazos. Muchas veces hay cosas en nuestra vida que no queremos dejar por nada. Le decimos a Dios que lo adoramos y confiamos en él pero no tenemos paz respecto a algunas situaciones, como si vamos a encontrar la persona adecuada para entablar una relación, o qué hacer para salir adelante en la vida.

Cuando le damos el corazón a Dios debemos asegurarnos que cada pedazo sea puesto en sus manos. Eso incluye pensamientos, sentimientos, esperanzas, proyectos, rencores, personas, relaciones y demás que te vengan a la mente en este momento.

Dios es experto en reparar vidas. Él puede hacer de lo quebrado algo perfecto y de un montón de piezas rotas una mejor. Como cristianos debemos estar completos y con todas las piezas en su lugar para ser un testimonio de que con Dios es posible ser personas sanas. Debemos revisar si hay alguna parte de nuestra vida que no le hemos entregado.

Punto de reflexión

¿Habrá algún pedazo de tu vida que todavía no le has entregado? ¿Qué vas a hacer?

Audiencia con el Rey

Querido Dios, gracias por estar dispuesto a componer cada cosa que en mi vida ha sido rota o esté a punto de serlo. Señor quiero darte cada pedazo de mi corazón para que seas tú el que lo arregle.

Encuentro 75

Manos y pies

1 Corintios 12:27 *Ahora bien, ustedes son el cuerpo de Cristo, y cada uno es miembro de ese cuerpo.*

Me encanta una canción de los Audio Adrenaline que dice:

Una imagen como un flash en la pantalla de mi TV
Otro corazón roto aparece en la escena
Veo el dolor y le doy la espalada
¿Por qué no puedo hacer las cosas que quiero?
Estoy queriendo pero todavía tengo miedo
Tú me das fuerzas cuando digo

Coro
Yo quiero ser tus manos Yo quiero ser tus pies
Iré donde me envíes Iré donde me envíes

Y trataré, si trataré Tocar el mundo el mundo
Como tú tocaste mi vida Y encontraré la forma
De ser tus manos

He abandonado todo pensamiento de egoísmo
He rendido todo lo que soy Puedes tener todo lo que tengo
Y perfeccionar lo que no soy Estoy queriendo, no tengo miedo
Tú me das fuerzas cuando digo

Coro
Esta es la última vez Que te doy la espalda
De ahora en adelante yo saldré Envíame donde quieras
Finalmente tengo una misión Y prometo que la completaré
No necesito excusas Cuando soy tus manos y tus pies

Punto de reflexión
¿Qué cosas hacía Jesús cuando estaba en la tierra?
¿Qué debemos hacer nosotros como cuerpo de Cristo?

Audiencia con el Rey

Señor, hoy quiero ser tus manos y tus pies. Quiero dar lo que quieres que demos e ir a donde tú irías. Que esta canción pueda ser un reflejo de mi estilo de vida.

Encuentro 76

NAVEGAR CONTRA CORRIENTE

Ademar Ayala
Cochabamba, Bolivia.

Tito 2:8 *Así se avergonzará cualquiera que se oponga, pues no podrá decir nada malo de nosotros.*

Los salmones son unos peces teleósteos que pueden llegar a medir hasta un metro y medio de largo y viven saltando contra la corriente. Siempre me he preguntado por qué los salmones nadan en dirección opuesta al caudal del río. Me sorprendió un día encontrar la respuesta: «El salmón nace en una poza de río donde se encuentran miles de su especie. Cuando se prepara para la vida adulta, desciende al océano para pasar el invierno allí; y en otoño sube el río —muy caudaloso, por supuesto— contra la corriente para desovar, conservar su especie y regresar al lugar donde nació».

Obviamente este pez es lo bastante fuerte para realizar tal hazaña. De la misma manera nosotros como cristianos, debemos seguir el ejemplo del atrevido salmón. En verdad vale la pena «navegar contra la corriente», en dirección opuesta a lo que Satanás quiere que hagamos, a la presión de los amigos, al placer de las drogas, el alcohol y el sexo, y a lo que piensa la gente que no conoce a Dios. Agrademos a Dios y no a las personas, ni a nuestro engañador adversario: el diablo. Presentémonos a Dios, como un cristiano aprobado que no tiene de qué avergonzarse, que usa bien la palabra de verdad (2 Timoteo 2:15) y por encima de todo estemos dispuestos a girar ciento ochenta grados con relación a nuestros deseos pecaminosos personales. Jesús quiere que seamos osados y fuertes. Él quiere que nos animemos a ir contra la corriente y de esa manera salvar la especie cristiana.

Punto de reflexión

¿Cómo seguir el ejemplo del salmón en nuestra vida diaria?
¿Estoy preparado para enfrentar al diablo e ir en contra de su voluntad?

Audiencia con el Rey

Querido Dios, ayúdame a seguir el ejemplo de tu Hijo Jesucristo y animar a otros a tener el comportamiento del salmón, aunque el caudal de este mundo nos empuje a nadar en contra. Amén.

Encuentro 77

HISTORIA DE UN PERSISTENTE

2 Timoteo 3:14 *Pero tú, permanece firme en lo que has aprendido y de lo cual estás convencido.*

De la Biografía de Abraham Lincoln podemos extraer lo siguiente:

Infancia difícil
Menos de un año de estudios formales
Fracasado en los negocios en 1831
Derrotado en elecciones para legislador en 1832
Otro fracaso financiero en 1833
Electo para la legislatura en 1834
Muere su novia en 1835
Derrotado en elecciones para orador, 1838
Derrotado para elector, 1840
Solo uno de sus hijos vivió más de 18 años
Derrotado en elecciones para el congreso 1843
Derrotado para el congreso 1848
Derrotado para el senado 1855
Derrotado para vicepresidente 1856
Derrotado para el senado 1858
Presidente de los Estados Unidos 1860

Punto de reflexión

¿En qué punto de la vida de Lincoln hubieras renunciado y te habrías deprimido?

¿Es posible triunfar pese a empezar mal?

Audiencia con el Rey

Señor, quiero permanecer firme en mi compromiso contigo y seguir adelante en mi aventura cristiana pase lo que pase.

Encuentro 78

Es viernes pero el domingo viene

Mateo 28:7 *Luego vayan pronto a decirles a sus discípulos: «El se ha levantado de entre los muertos y va delante de ustedes a Galilea. Allí lo verán». Ahora ya lo saben.*

Tony Campolo, excelente predicador comparte la historia de su iglesia cuando hacían un desfile de predicaciones. Varios hermanos de la iglesia predicaban uno tras otro en lo que parecía ser una competencia sin cuartel, para ver cuál era el mejor mensaje. Tony era uno de los últimos. Subió a la plataforma, analizó la Biblia concienzudamente, usó sus mejores frases e historias y se movió con pasión. La gente estaba entusiasmada y daba gritos y aplausos por su mensaje. Al terminar se sentó al lado del pastor principal de la iglesia, un amigo de años y en broma le dijo: «A que no puedes superar eso». El pastor era ya un abuelo. Lo miró y guiñándole el ojo le respondió: «Quédate quieto y escucha».

El viejo se acomodó en el micrófono y con su voz de caverna dijo: «Es viernes, pero el domingo viene». Hoy es viernes: Cristo está en la cruz. Los soldados romanos se burlan y los fariseos festejan mientras los discípulos y María lloran: «¡Es viernes, pero el domingo viene!» Hoy es viernes: «Hay oscuridad, vergüenza y la cruz parece invencible. Es viernes, pero el domingo viene». El viejo hablaba lentamente, pero cuando decía la frase final su voz se elevaba y su cara se iluminaba. La gente empezaba a aplaudir. Seguía: «Hoy es viernes: el mundo sufre guerras, cataclismos y entre hermanos nos peleamos. Es viernes, pero el domingo viene. Hoy es viernes: el pecado está en aumento, la pobreza nos atrapa y la enfermedad nos ataca. Es viernes, pero el domingo viene. Es viernes, pero el domingo viene». La gente ya empezaba a ponerse de pie. «Hoy es viernes y nuestro cuerpo va envejeciendo pero viene un día en que nuestros cuerpos no envejecerán. Porque hoy es viernes pero el domingo viene. Toda la gente estaba de píe y gritando. Tony también. El viejo pastor seguía: Es viernes y la desesperanza golpea fuerte, pero viene el domingo, el Señor resucitado nos dará nuevas fuerzas. Hoy es viernes y somos parte de una raza caída pero viene el domingo y resucitaremos con los ángeles en gloria». Así siguió diciendo una y otra vez: es viernes pero el domingo viene. Al final del sermón no había dudas quién había ganado. Tony lo cuenta y se ríe diciendo: una sola frase, pero la verdad más grande del evangelio.

Punto de reflexión

Somos el pueblo de la esperanza. Aunque haya un viernes de crucifixión siempre habrá un domingo de resurrección.

Audiencia con el Rey

¡Tuya es la victoria mi Señor! Tú venciste el dominio de la muerte y por tu victoria tenemos esperanza. Hoy te pido que me hagas una persona llena de fe y de esperanza.

Encuentro 79

DIOS LLEVA TU CARGA

Paula Del Vecchio
Adrogué, Argentina

Salmo 55:22 *Encomienda al Señor tus afanes y él te sostendrá.*

¿Quién puede decir que los cristianos no tenemos problemas? Dicen que Dios utiliza los valles de nuestra vida para llevarnos a la cima de la montaña. Pero lo cierto es que mientras estamos en el valle no vemos más que depresión geográfica, espiritual, de fortaleza, emocional, etc. y nos limitamos a preguntarnos por qué Dios hace lo que hace. Como hijos suyos sabemos que él tiene un plan mayor, algo mejor por lo cual nos hace pasar por circunstancias difíciles, especialmente cuando eso implica separación temporal de tu familia. Lo que te digo, lo hablo por experiencia propia.

Nuestros hermanos en la fe se ocupan de recordarnos el muy conocido: «A los que a Dios aman todas las cosas ayudan a bien...» y en teoría lo sabemos. Solo en teoría. Cuando atravesamos por el valle, comenzamos a cuestionarnos: ¿Por qué? ¿Para qué? ¿Cómo pudo ser? ¿Por qué yo? Grandes interrogantes para los cuales solo parece haber un gran silencio como respuesta. Por eso me gusta el versículo del principio: Te ofrece un consejo y dos promesas.

Consejo: Pon tu carga en Dios. Él tiene mucha más fuerza que cada uno de nosotros. Si compartes el peso, siempre se hace la carga más liviana, lo que Dios dice es que se la des toda a él.

Promesa: Él te sustentará, te va ayudar a sostenerte, a mantenerte en pie.

Promesa: No dejará para siempre caído al justo. Me llamó la atención el «para siempre». No dice que los cristianos no tenemos problemas. Al contrario, admite que los justos caen, pero no para siempre.

Así que si te encuentras en una situación difícil, la Biblia te invita a dejarle a él toda tu carga y te promete que no vas a estar así mucho tiempo más. Dios quiere glorificarse en las pruebas y hacerte más paciente para alcanzar la perfección. Acuérdate de las tres «P»: Prueba, paciencia y perfección.

Punto de reflexión

Las pruebas dan cuenta de nuestra impotencia y nos acercan a Dios. Quizás esta sea la forma que Dios usa para perfeccionarnos

Audiencia con el Rey

Señor, ayúdame a pasar el valle de la prueba de tu mano y a confiar en ti plenamente. No quiero cargar todo el peso te lo entrego a ti. Gracias porque socorres a tus hijos.

¿QUIÉN ESTÁ AL VOLANTE DE TU VIDA?

Paula del Vecchio
Adrogué, Argentina

Encuentro 80

Juan 16:13 *Pero cuando venga el Espíritu de la verdad, él los guiará a toda la verdad.*

Si alguna vez te tocó conducir, me imagino que sabrás lo que se siente al tener el control del automóvil e ir a donde quieras. Si todavía no conduces, supongo que estarás esperando el momento. Por lo menos, eso me pasaba a mí, y me costó bastante convencer a mi papá de que me llevara a practicar, ya que él quería enseñarme personalmente «ese antiguo arte».

Si comparamos nuestra vida con un auto, te pregunto: ¿Cómo la estamos conduciendo? ¿Demasiado fuerte? ¿Quizá lentamente, o tal vez nos olvidamos de que existe un pedal llamado freno? Ahora que tengo mi licencia de conducir debo admitir que me molesta andar como tortuga enyesada, pero también me asusto cuando otros me pasan a una velocidad de locos.

Como estemos manejando nuestra vida tiene mucho que ver con quién es el que la maneja. Entonces: ¿Quién maneja tu auto? Y seguro que responderías: Yo soy el dueño de mi auto y hago lo que quiero. Nadie va a decirme lo que tengo que hacer o a dónde ir. ¡¡¡¡Humm, puedes estar en un grave ***ERROR***!!!! Es Dios quien mejor puede guiar tu vida.

Otra pregunta: ¿Sabes realmente a dónde vas? Porque si no lo sabes, es muy probable que no llegues a ningún lado. Si me permites, deseo insistirte que busques al mejor chofer. Cuando andas con este chofer es más cómodo; uno no se estresa tanto, le dices a dónde quieres llegar y te va a llevar por el mejor camino. Este chofer sabe cómo hacer que los baches no se sientan tanto y siempre es la mejor compañía. Ya sabes su nombre; ese chofer es Dios. Sí. Él quiere guiar tu vida. Muchas veces nosotros nos ponemos al volante y después cuando chocamos le echamos la culpa a Dios. Pobre, *¡¡Él iba en el asiento de atrás!!* ¿Qué culpa puede tener?

Pensándolo seriamente: ¿No somos así con Dios muchas veces? Nos acordamos de invitarlo al automóvil solo cuando tenemos un gran choque.

Punto de reflexión

¿Quién es el guía de tu vida? ¿Cómo darle el volante a Dios?

Audiencia con el Rey

Señor, perdóname por manejar mi vida y no dejártela manejar a ti. Reconozco que está mal y te pido que me ayudes cada día a dejar que conduzcas mi vida.

Encuentro 81

GLADIADOR

Proverbios 20:18 *Afirma tus planes con buenos consejos; entabla el combate con buena estrategia.*

Maximus Decimus Meridius, comandante del ejército del norte y general de las legiones del emperador Marcus Aurelius, es el personaje principal de la película gladiador. No sé si a ti te gustó pero a mí me encantó. Mirándola más de una vez pude notar algunas frases realmente importantes que Maximus dice en momentos clave. A continuación quiero compartir tres de ellas:

1. «Sea lo que sea que salga de esas puertas, tenemos una mejor oportunidad de sobrevivir si trabajamos juntos. ¿Ustedes me entienden? Si nos mantenemos unidos, sobreviviremos».

Maximus les dice esto a sus compañeros esclavos al momento de estar en el circo sin saber qué lo iban a atacar. Lo mismo ocurre en nuestro circo. Solos somos menos. Sin amigos cercanos con los cuales hablar de la fe es más difícil enfrentar las tentaciones y problemas. Es improbable que podamos crecer en nuestra fe solos. Sea lo que sea que venga, siempre necesitamos amigos cristianos dispuestos a ayudarnos a crecer espiritualmente.

2. «El tiempo de medidas y palabras a medias ha terminado».

Algunos creen que ser cristiano es repetir versículos de memoria. Otros creen que ser líderes es decir frases evangélicas en un micrófono. La vida cristiana se trata de acciones cristianas no de palabras. Para ser todo lo que Dios quiere que seamos hay que actuar ahora mismo en tu juventud y no perder ni un minuto.

3. «Lo que hacemos en la vida tiene un eco en la eternidad». ¿Qué dudas podemos tener de eso? Nosotros somos el único material eterno de este planeta. Llevar a alguien a los pies de Jesús tiene un eco en la otra dimensión. Obedecer a Dios hace eco en la otra dimensión y negarlo también.

Punto de reflexión

¿Tengo amigos que me ayuden a sobrevivir en mi vida espiritual?
¿Qué cosas hasta ahora son solo palabras en mi vida cristiana?
¿Qué cosas buenas puedo hacer que hagan eco en la eternidad?

Audiencia con el Rey

Señor, quiero ser un gladiador valiente. Un soldado tuyo que pueda pelear la buena batalla y salir victorioso.

Encuentro 82

QUIÉN SOSTIENE MI CUERDA

Lili Claret Pantoja
Santa Cruz, Bolivia.

Romanos 8:38-39 *Pues estoy convencido de que ni la muerte ni la vida, ni los ángeles ni los demonios, ni lo presente ni lo porvenir, ni los poderes, ni lo alto ni lo profundo, ni cosa alguna en toda la creación, podrá apartarnos del amor que Dios nos ha manifestado en Cristo Jesús nuestro Señor.*

Era el peor de mis momentos, me sentía victima de todas las decepciones. Las noches anteriores solo las había utilizado para repetirme la típica pregunta: ¿Por qué yo? Me encontraba esa tarde en uno de los parques de Santa Cruz mi ciudad. Estaba muy deprimida y sin ganas de escuchar a nadie. Tampoco quería hablar. Allí en silencio me puse a observar a una persona robusta y grande que volaba un volantín (papalote, barrilete) en el aire. Al fijar mi vista en la escena comencé a sentirme como ese volantín en las manos de aquel hombre. Su agilidad y conocimiento me dieron la sensación de sentirme guiada por un experto. Pensé también en lo que sería estar en las manos de alguien que me guiará sin seguridad o que no supiera cuidarme. Eso era lo que había estado haciendo.

Cuando nos dejamos guiar por otras personas y dejamos que tomen el hilo de nuestra vida es muy probable que terminemos en el piso y deprimidos. Yo había cometido el error de poner la capacidad humana por sobre la fortaleza divina y por error le había dado enteramente mi corazón a alguien más que a Dios.

Hoy estoy convencida que nuestra vida solo puede depender de Dios. Que nuestro hilo no está nunca seguro a menos que estemos guiados por el experto de las nubes. Dios jamás soltará aquella cuerda que nos une a él. La cuerda de su amor es de marca incondicional y su mano dice: «Fiel es el que te guarda». Las demás personas son imperfectas y no podemos esperar que satisfagan cada una de nuestras necesidades. Al resto de las personas podemos amarlas pero nunca darles la cuerda de nuestra vida. Eso solo está seguro en las manos de Dios.

Punto de reflexión
¿Quién tiene la cuerda de mi vida? ¿A quién se la entrego?

Audiencia con el Rey
Señor, hoy quiero confesar que tú eres el único en quien puedo confiar para darle la cuerda de mi vida. Señor, quiero amar a otros y enamorarme también, pero nunca olvidar que solo tú eres perfecto.

Encuentro 83

QUIÉN VERDADERAMENTE IMPORTA

Hechos 5:29 *¡Es necesario obedecer a Dios antes que a los hombres!*

Lo que Dios piensa de algo o alguien es mucho más importante de lo que el ser humano más importante de la tierra piense. Lo curioso es que muchas veces nos preocupamos demasiado en lo que piensan aquellos que están muy lejos de ser verdaderamente importantes. Gente que es pasajera en nuestra vida, que no nos ama o que no tiene ningún mérito para que las ubiquemos en un lugar de honor en nuestros pensamientos.

Me acuerdo de Paul. Era la primera noche de un retiro en las montañas del sur de California. Estaba todo el grupo de jóvenes de la iglesia y habían venido varias visitas. Entre ellas estaban dos adolescentes que fueron enviados a la fuerza por sus mamás. Paul ya era parte de la iglesia pero tenía un pie a cada lado y era de esos que se dejan influenciar por cualquier cosa mala. Estos dos jóvenes estaban rebeldes y reacios a todos lo que estábamos haciendo, lo cual no era ningún problema porque era la primera vez que venían y era obvio que iban a tardar un poco en acostumbrarse e integrarse al resto del grupo. Pero Paul no. Él conocía a todos los demás y entendía perfectamente lo que estábamos haciendo. Sin embargo, se «unió» a estos dos y literalmente se trasformó en uno de ellos. A la noche siguiente decidí hablar con él y le pregunté por qué tenía esa actitud tan tonta que le estaba haciendo perderse de disfrutar del retiro. Su respuesta me dio mucha lastima: «Ellos son chicos de mi escuela y no quiero...» Supuse que estaban en la misma clase, pero ni eso. Antes de venir al retiro no sabían ni sus nombres, sin embargo Paul estaba haciendo todo para impresionarlos y se estaban perdiendo una oportunidad sensacional de crecer y disfrutar un tiempo especial. Todo por considerarlos a ellos más importantes que a nosotros y sobre todo más importante que lo que Dios tenía para decirle en ese campamento.

Recuerdo que al terminar el último mensaje del retiro uno de los jóvenes nuevos estaban llorando y haciendo la oración que yo les había invitado a hacer. Paul lo miraba con desconcierto. Este joven que no sabía nada de la iglesia había sido más valiente que él para dejarse penetrar por el mensaje de Dios y después pudo disfrutar del resto de la tarde y el regreso.

Dios es el ser más importante del universo y siempre debe ser el primero en nuestra vida. Lo que él piense de algo es clave para saber qué es lo más sabio para hacer en cualquier circunstancia.

Punto de reflexión

¿Voy a considerar a Dios antes de tomar la próxima decisión importante? ¿Quiénes son las personas que más influencian mis decisiones?

Audiencia con el Rey

Querido Rey, hoy quiero agradarte a ti antes que a nadie más. Gracias por ser tan paciente conmigo.

Encuentro 84

MIRA LA HORMIGA

Proverbios 6:6 *¡Anda, perezoso, fíjate en la hormiga! ¡Fíjate en lo que hace, y adquiere sabiduría!*

El barco del fracaso suele venir por el río de la pereza. Hace un tiempo leí una frase que decía: «Para ser un viejo sabio hay que ser primero sabio». Tengo un amigo pastor, su nombre es Julio López. Él dice que cuando somos adolescentes estamos decidiendo qué clase de abuelos seremos. Tiene razón. Si algún día queremos llegar a ser personas sabias y exitosas es indispensable que ya mismo empecemos a tomar decisiones sabias que nos lleven a alcanzar lo que soñamos. Los testimonios de personas exitosas nos dicen que no podemos dejar para más adelante eso que sabemos que es necesario hacer ahora. Debemos ser como las hormigas. Ellas trabajan y trabajan ordenadamente almacenando lo que van a necesitar después. No esperan que llegue el momento de necesidad, ni dicen: ¡Ahora soy joven, cuando lleguen las lluvias buscaré qué comer! Las hormigas son trabajadoras y eficientes.

La pereza es una pésima consejera. Te invita a una vida de fracaso, por eso hoy mismo debes combatirla y con fe proponerte ser una persona trabajadora y diligente. Un joven que tome decisiones sabias. Para ser una persona sabia, amada y feliz en tu vejez debes esforzarte en sus estudios, tareas y comunión con el Señor.

Punto de reflexión

¿Qué puedo aprender de las hormigas?
¿Cómo combatir la pereza?

Audiencia con el Rey

Señor, hoy quiero pedirte que me ayudes a eliminar la pereza. Quiero ser una persona que sepa aprovechar bien el tiempo y esforzarme para alcanzar lo que deseo.

Encuentro 85

«HÁMSTERES HUMANOS»

Ademar Ayala, Cochabamba, Bolivia

Mateo 6:25 *¿No tiene la vida más valor que la comida, y el cuerpo más que la ropa?*

¿Alguna vez has visto un hámster? Son muy pequeños y hermosos... ¿No lo crees? Cuando era niño siempre quise tener uno, pero cuando iba con mis amigos a la tienda de mascotas, siempre optaba por comprar peces (a mi madre no le agradan los hámsteres). Después que compraba los peces para mi acuario, me quedaba observando por mucho tiempo cómo los hámsteres; luego de despertarse, solían subirse a su rueda y comenzaban a dar graciosas vueltas dentro de ella, una y otra vez. Ahora que tengo diecisiete años me doy cuenta de que también existen «Hámsteres humanos» como el de la siguiente historia:

—Dígame, don Pepito —preguntó Juan— ¿Qué ha pensado hacer hoy?

—En primer lugar... desayunar —contestó— y luego comenzar. —¿Comenzar qué? —preguntó Juan—. Pues lo mismo que ayer y el día anterior.

—Y... ¿Qué fue lo que hizo? —preguntó de nuevo Juan—. Lo de siempre.

—¿Y qué es lo de siempre? Lo que hago todos los días ¿y qué hace todos los días?... y así siguieron un buen rato hasta que descubrieron que don Pepito no hacía nada.

Óyeme, ¿No eres tú uno de los muchos «Hámsteres humanos» que abundan en nuestro planeta? Dios nuestro proveedor, tiene un maravilloso propósito para ti, no es necesario que te subas a la rueda de tu vida y comiences a hacer lo mismo de cada día sin metas ni saber el propósito de Dios para ti. ¿No te parece aburrido? Dios guarda maravillosos planes para tu vida, es bueno que tengas amigos que crean en Dios, que estudies su Palabra y vayas descubriendo cosas realmente importantes que puedes hacer para él. Si de verdad te propones crecer, tu vieja rutina terminará, tendrás nuevas citas en tu agenda. *¡¡¡Para Dios somos casi igual que los ángeles y estamos coronados de gloria y honra!!!* (Salmo 8:5) ¿No te parece estupendo?

Punto de reflexión

¿Eres un hámster humano? ¿Cómo puedo sacarle el máximo provecho a lo que debo hacer cada día?

Audiencia con el Rey

Querido Dios, ayúdame a dejar de ser un «Hámster humano», necesito que mi vida cambie de sentido a partir de hoy, borra todo círculo vicioso que hay en mí. Hoy no quiero hacer las cosas en automático, quiero sacarles el máximo provecho.

Encuentro 86

El oído

Santiago 1:19 *Todos deben estar listos para escuchar, y ser lentos para hablar…*

Podemos ganar más amigos escuchando que hablando. Si somos personas que solo saben hablar y hablar sin parar, las otras no tardarán en pensar que solo estamos interesados en nosotros mismos. El oído es un regalo muy importante. Hay mucha gente que necesita que le escuchemos. Algunos están acostumbrados a que nadie los escuche y otros a ser ellos siempre los que hablan. A mí me da pena ver líderes que no pueden conversar sin predicar. Tengo un amigo que es un líder muy importante de la iglesia, como es mayor que yo cree que siempre tengo que escucharlo y casi nunca me deja hablar. Muchas veces presume adivinar lo que yo quiero decir y me responde como si yo estuviera diciendo algo que en realidad no tiene nada que ver con lo que dije. Es una lástima. Yo le he pedido a Dios que me permita usar muy sabiamente mis oídos y no ser así.

Hay un mercado en declive para las palabras. Ya nadie confía en los políticos ni en los religiosos. Dar la palabra no basta y en el mercado hay que firmar papeles. Es que el discurso está en quiebra. Hoy hace falta gente que sepa escuchar. Los cristianos debemos ser: «Amigos, consejeros, líderes, padres e hijos que sepamos escuchar». La misma Biblia dice: El que tenga oídos para oír que oiga.

Punto de reflexión

¿Conozco a alguien que necesita ser escuchado?
¿Cómo puedo usar mejor mis oídos?

Audiencia con el Rey

Señor, hoy quiero escucharte en lo que otros me dicen. Quiero ser sensible y de veras prestarle atención a lo que la gente quiere decir aún sin palabras. Hazme un amigo que sepa escuchar.

Encuentro 87

Amor tamaño familiar

Gisela Ramos
California, USA.

Juan 3:16 *Porque tanto amó Dios al mundo, que dio a su Hijo unigénito, para que todo el que cree en él no se pierda, sino que tenga vida eterna.*

Hace poco leí una frase que me encantó. Era de una madre para su hija adolescente y decía: «Te amo porque te conozco tanto; te amo *AUNQUE* te conozco tanto». La relación con una madre es uno de los vínculos más amorosos y más difíciles de disolver. La madre tiene que acostumbrarse a los cambios de humor de su adolescente, cambiar algunas reglas y enfatizar otras. La hija sabe que está cambiando y formándose como mujer y muchas veces no acepta correcciones. Pero se aman (a pesar de las peleas, los retos, las rebeliones y demás). Igual pasa con el amor de Dios. Él nos ama aunque nos conoce bien; es más, nos conoce mejor que nadie. Él nos hizo, y supo como seríamos desde que éramos una semillita o simplemente una esperanza. Además, sabemos que quiere lo mejor para nosotros. Él tiene una catarata de bendiciones para darnos solo tenemos que elegir a Jesús como modelo a seguir. Esta verdad no es solo una linda frase: «Él nos ama ***AUNQUE*** nos conoce y sabe cuán rebeldes, débiles y pecadores somos». ¡Demos gracias al Señor, porque su amor es único! Él no nos eligió porque somos santos y buenos como ángeles, lo hizo porque él es bueno. Dios tiene un amor tamaño familiar.

Punto de reflexión

¿Cuál es la prueba máxima del amor de Dios?

¿Cómo actúa una persona que está convencida de que el ser más importante del universo le ama?

Audiencia con el Rey

Padre Santo, gracias por tu amor infinito. Gracias porque me amas aunque conoces mi imperfección. Ayúdame a seguir cambiando y a dar hoy ese amor incondicional a los demás. Amén.

Encuentro 88

CREERLE A DIOS

2 Corintios 1:20 *Todas las promesas que ha hecho Dios son «sí» en Cristo. Así que por medio de Cristo respondemos «amén» para la gloria de Dios.*

Negar que podemos realizar aquello para lo que Dios nos escogió es un pecado de arrogancia. Es creer que sabemos más que Dios. Muchos quieren servir a Dios pero a la hora de las oportunidades parece que solo quieren servirle en calidad de consejeros. Su consejo es: No, no lo hagas. Muchos estudiosos y conocedores del griego original en el que fue escrito el Nuevo Testamento dicen que el muy conocido texto de Juan 3:16 traducido por nuestras Biblias como: «Todo aquel que *en Él cree* no se pierda mas tenga vida eterna», debería ser traducido: «Todo aquel que *le crea*, no se pierda mas tenga vida eterna». Es que no es lo mismo creer *en Jesús* que *creerle a Jesús*. Muchos creen que son cristianos porque admiten la existencia de Dios y de Jesucristo. Dice tu Biblia que también los demonios creen y tiemblan (Santiago 2:19). Ellos están en la dimensión espiritual, ¿Qué dudas pueden tener de la existencia de Dios? Sin embargo no le creyeron a Dios, creyeron en su propia opinión y se rebelaron.

Había un gran trapecista llamado Blondin que hizo colocar una cuerda que cruzaba las cataratas del Niágara. Multitudes se juntaban a verlo cruzar la cuerda de un lado al otro sin ningún tipo de seguridad ni red. Un día, luego de cruzar con una carretilla de ladrillos, preguntó cuantos creían que él podía cruzar con una persona a cuestas. La multitud gritó entusiasmada que sí, que creían en él. Luego Blondin preguntó: ¿Quién de ustedes se ofrece de voluntario? Las manos bajaron y se hizo un silencio.

Una cosa es creer que Dios puede hacer cosas grandes y otra es subirse a sus manos para que nos lleve por la cuerda de los sueños.

Punto de reflexión

¿Le crees a Dios o solo crees en él?
¿Qué es creerle a Dios?

Audiencia con el Rey

Señor, quiero creerte. Confieso que muchas veces confió en mi propia opinión más que en la tuya. Quiero por tu Espíritu Santo creerte y servirte siempre.

Encuentro 89

¿UN SALVADOR?

Román Caballero. Quilmes, Argentina

2 Timoteo 1:9 *Pues Dios nos salvó y nos llamó a una vida santa, no por nuestras propias obras, sino por su propia determinación y gracia.*

¡Qué valioso es tener un salvador! ¿Pero nos preguntamos, quién es un salvador? Podemos imaginarnos estar con muchos amigos en uno de esos grandes parques donde la gente va a pasar el día. Es una hermosa tarde de verano y estás compartiendo junto a tus amigos una estupenda piscina. Pero sabemos también que en ese parque existen ciertas reglas para bañarse. Por ejemplo, algunas de estas pueden ser estar completamente sanos, las mujeres deben tener el cabello recogido, no se puede correr por los costados de la piscina, etc., pero ahí en medio de todos también se destaca la figura del famoso «salvavidas» el encargado de cuidar a las personas dentro de la piscina, para que no haya ningún accidente.

Se puede decir que el papel que el «salvavidas» cumple es el de un verdadero salvador de vidas.

Este es un claro ejemplo de lo que Jesús hizo en la cruz, por nosotros. *¡¡Nos salvó!!* Pero con la diferencia, que nosotros ya estábamos ahogados, y él con su enorme poder nos rescató, nos tiró un enorme salvavidas, y nos quitó de la muerte, para poder gozarnos en él.

¿Por qué nos salvó, si no nos merecemos este maravilloso regalo?

La respuesta es obvia: ¡Dios nos ama en gran manera, y además nos perdona sin guardar rencor cuando nos equivocamos!

Él nos perdona día a día, sin pedir nada a cambio; y deseando que le entreguemos nuestra vida, para que nos guíe, nos guarde y sostenga.

Tenemos un corazón que tiende a quejarse por todo, y no valorar las cosas más importantes. Tenemos un «Salvador» que es Cristo el Señor y debemos estar muy felices por eso.

No te canses de agradecer el amor que tiene para contigo y tus seres más cercanos, no pierdas la oportunidad de dar testimonio de lo que te regala cada día.

Punto de reflexión

¿Cuánto valoro la salvación del Señor?

¿Cómo puedo ayudar a otros a conocer de la salvación?

Audiencia con el Rey

Querido Dios, una vez más te agradezco porque me salvaste. Gracias porque te acordaste de mí. Ayúdame a llevar una vida recta y de devoción a ti. ¡¡Una vez más ***GRACIAS****!!*

Encuentro 90

CUANDO EL AMOR SUPERA AL SERVICIO

Lucas 10:41-42 *—Marta, Marta —le contestó Jesús—, estás inquieta y preocupada por muchas cosas, pero sólo una es necesaria. María ha escogido la mejor, y nadie se la quitará.*

Marta estaba preocupada por algo realmente bueno e importante. Jesús venía a cenar a su casa y ella quería que todo estuviera perfecto. Todo tenía que estar impecable ese día. La comida en su punto, la ropa limpia y todo en completo orden. Ella sabía que «estaba sirviendo a Dios» y quería hacer todo de la mejor manera. El problema fue cometer un error muy pero muy común en el servicio al Rey. Mientras trabajaba para él, el trabajo se volvió más importante que su Señor. Lo que comenzó como un deseo enorme de servir a Jesús, sin darse cuenta se había convertido en una forma de servirse a sí misma... Olvidó que la comida era para honrar a Jesús y no para quedar bien ella.

Es muy fácil y común caer en este error. Podemos servir en la iglesia con diferentes motivaciones. Podemos hacerlo por vanagloria, por inseguridad, por compromiso o para comprar el favor de alguien. Yo lo hice así muchas veces y sé que en el futuro tendré que revisar mis motivaciones. En esas ocasiones tuve que acercarme al Señor con vergüenza pero confianza y contarle lo que había en mi corazón. Lo bueno fue que él las cambió por la mejor motivación de todas: «El amor». Cuando el amor supera al servicio disfrutamos de lo que hacemos, no nos importan tanto los problemas sino el resultado final. Cuando el amor supera al servicio no estamos tan conscientes de qué es lo que los demás están haciendo sino de lo que nosotros debemos hacer. Jesús le dijo a Marta mirando a María: «Una sola cosa es necesaria y María la está haciendo». Ella se había puesto a pensar en las necesidades de Jesús, en sus expectativas. Intuyó en su corazón que a Jesús no le importaba tanto la comida ni lo que había bajo de la alfombra sino pasar un buen rato de palabras amorosas con sus amigas tan queridas. Y eso era lo que María le estaba dando.

Punto de reflexión

¿Cuál debe ser la razón del servicio?
¿Cómo puedo pasar más tiempo con el Señor?

Audiencia con el Rey

Señor, quiero amarte antes que servirte. Tú me amaste primero y no hay otra cosa que pueda darte en retribución que mi propio amor. Quiero aprender de María que supo estar a tus pies.

Encuentro 91

En el nombre del Señor

1 Samuel 17:45 —*Tú vienes contra mí con espada, lanza y jabalina, pero yo vengo a ti en el nombre del Señor Todopoderoso.*

Desde lejos los israelitas miran cómo David se va acercando a esa mole humana que se eleva amenazadora en el valle. Los filisteos también observan sorprendidos; después de cuarenta días de gritos, amenazas y formaciones todos quieren ver acción. Los ángeles se incorporan, todos están alerta.

Goliat le echa una mirada a David, y al darse cuenta de que es apenas un muchacho, trigueño y buen mozo, le dice con desprecio:

«¿Soy acaso un perro para que vengas a atacarme con palos?» Y maldiciendo a David en nombre de sus dioses, añade: ¡Ven acá, voy a echar tu carne a las aves del cielo y a las fieras del campo!

David responde: «Tú vienes a mí con espada, lanza y jabalina, pero yo vengo a ti en nombre del Señor Todopoderoso, el Dios de los ejércitos de Israel, a los que has desafiado. Hoy mismo el Señor te entregará en mis manos; y yo te mataré y te cortaré la cabeza... Todos los que están aquí reconocerán que el Señor salva sin necesidad de espada ni de lanza. La batalla es del Señor (1 Samuel 17.42-47)

Goliat se enfurece, avanza hacia David. David también avanza, se pone en posición. Goliat sigue corriendo y gritando. David saca una piedra, la lanza con su honda. Todo se detiene; las milésimas de segundo parecen horas. Miran los filisteos, mira el cielo, Israel, Saúl, y es Goliat quien no puede mirar. La piedra se le incrusta de punta entre ceja y ceja. Cae hacia delante sobre sus rodillas. David corre hacia él, el escudero del gigante corre también, pero en sentido contrario. David toma la espada de Goliat, la desenvaina, la muestra y le corta la cabeza. Momento de estupor. Los guerreros de uno y otro ejército se miran entre sí. Un grito, dos, tres. La inspiración de David llega a los soldados de Israel y de Judá. Los filisteos, corren, los hebreos los persiguen hasta las puertas de sus casas. No queda títere con cabeza. Ahora es batalla, ahora es victoria.

Punto de reflexión

¿Cuáles son las espadas, lanzas y jabalinas modernas del enemigo? ¿Cómo vencerlas según el ejemplo de David?

Audiencia con el Rey

Señor, gracias por la historia de David. Son muchos los gigantes que nos toca derribar. Gracias porque aunque no poseamos cosas que esos gigantes hacen valer, tus hijos te tenemos a ti. Gracias porque confiando en ti podemos cortarles la cabeza a los gigantes.

Encuentro 92

El nuevo campo de batalla

Salmos 144:1 *Bendito sea el Señor, mi Roca, que adiestra mis manos para la guerra, mis dedos para la batalla.*

Es tiempo de que se levante una generación de jóvenes comprometidos, protagonistas y revolucionarios, más parecidos a David que a Saúl. Hasta que David no se levante, Goliat seguirá gritando y el nombre del Señor seguirá siendo avergonzado. Esto debiera producirnos dolor y preocupación.

Cuando tomé mi primer pastorado de jóvenes, una de las primeras cosas que hice fue reunir a los jóvenes más activos que ya estaban en la iglesia y preguntarles cuáles eran sus expectativas respecto a mi liderazgo. Recuerdo que uno me dijo: «No queremos que nos hables de David y Goliat; queremos predicaciones nuevas». No mencioné a David por más de dos años... ¡Qué error!

Después escuché a ese mismo joven hablar sobre David y Goliat, y la historia bíblica volvió a impresionarme. Poco después escuché a un pastor hablar sobre este pasaje y me sentí emocionado nuevamente. Empecé a buscar libros relacionados con David y seguí enamorándome de la historia. También empecé a orar al respecto y el Señor me reveló que estamos viviendo en un nuevo valle de Elá, un nuevo campo de batalla. Un «valle» que es nuestra ciudad y tu mundo, hoy y ahora. Allí hay un gigante que hace años grita, insulta y se burla de Dios. Es Satanás que sale mañana, tarde y noche, a decirnos en la cara que no podremos contra él. Grita que es el dueño de los medios de comunicación, de los poderes políticos, que es el gerente de las multinacionales. Declara que no podemos hacer gran cosa para solucionar el hambre, el desempleo ni la desesperanza; grita que no podemos impedir que se siga extendiendo el culto que le rinden a él, ni evitar que se pierdan para siempre nuestros amigos y seres queridos. A diario se burla de que nada cambia y que, mientras cantamos canciones de victoria en nuestros templos, afuera hay miles de millones que lloran derrotados. ¿Cuál es la repuesta? Debe ser la misma de David en su valle de Elá.

Punto de reflexión

¿Cuál es mi valle de Elá?

¿Cómo voy a ayudar a que la iglesia entera sea como David?

Audiencia con el Rey

Danos tu victoria. Querido rey, hoy quiero que me uses para vencer el mal en los lugares donde me muevo. Aviva tu obra en medio de este valle que tanto te necesita.

Encuentro 93

MISTERIO

Salmos 91:11 *Porque él ordenará que sus ángeles te cuiden en todos tus caminos.*

Había una mujer que creía que tenía un matrimonio perfecto. Su esposo era muy elegante, ella era hermosa y sus hijos parecían modelos de televisión. Eran buenos cristianos y nunca faltaban a la iglesia. Un día muy extraño su esposo le confesó que tenía una relación con otra mujer y que no podía seguir viviendo con ella. Así que decidió mudarse a otra ciudad. Su esposa quedó avergonzada y destruida. Los niños no podían entender lo que sucedía y todos en la iglesia estaban sorprendidos. Con el paso de los días la mujer cayó en una profunda depresión y no quiso ir más a la iglesia. Pero llegó una mañana de sábado en que su mejor amiga por años y la que la había llevado al Señor la visitó. Vieron a los niños jugar en la sala y fueron hasta la habitación para hablar de cómo ella se sentía y qué podía hacer para salir de esa depresión. La conversación duró horas y llegada la noche la amiga se fue a su casa. El alivio fue increíble. Al día siguiente la mujer tenía paz y decidió ir a la iglesia. Todos se alegraron al verla y ella testificó que la visita de su amiga le había ayudado. Luego de unos días, el pastor la invitó en un servicio a dar testimonio de cómo había superado su desesperación pese lo que había hecho su esposo, allí estaba su amiga y ella contó cómo la había ayudado. Meses después la esposa del pastor la invitó a compartir lo mismo en una reunión de mujeres en su casa y ella volvió a repetir cuánto la había ayudado su gran amiga. Al terminar la reunión, su amiga que estaba presente de nuevo, se acercó un poco nerviosa y le dijo: «Querida, yo no recuerdo nunca haber ido a tu casa un sábado por la mañana a visitarte. Incluso he revisado mi agenda y he buscado la fecha en que dices que eso ocurrió y yo estaba de vacaciones con mi esposo».

La mujer quedó muy confundida y al regresar a la casa le preguntó a sus hijos si recordaban la visita de su amiga y ese día que habían jugado hasta la noche en la sala mientras mamá estaba en la habitación con su amiga. Sus hijos le dijeron que recordaban ese sábado en que mamá había llorado todo el día en la habitación y que al día siguiente había vuelto a la iglesia pero que nadie más había estado en la casa ese día.

Punto de reflexión

¿Has tenido alguna experiencia en que creas haber estado con ángeles? ¿Qué sientes al pensar que hay ángeles atentos a lo que te ocurre?

Audiencia con el Rey

Querido rey, gracias por tu promesa de que los ángeles acampan alrededor de los que te temen. Gracias por tu diario cuidado y porque no hay detalle de nuestra vida que te pase por desapercibido.

Encuentro 94

TRABAJAR EN EQUIPO

Eclesiastés 4:9-10 *Más valen dos que uno, porque obtienen más fruto de su esfuerzo. Si caen, el uno levanta al otro. ¡Ay del que cae y no tiene quien lo levante!*

A punto de ganar el título máximo del básquet, Michael Jordan, para muchos el mejor jugador de todos los tiempos, dijo ante las cámaras: «El talento gana partidos, pero el trabajo en equipo gana campeonatos». Dios nos diseñó para trabajar en equipo. Eclesiastés 4:9 dice que dos funcionan mejor que uno y la imagen más clara para referirse a la iglesia que usa el Nuevo Testamento es la del cuerpo. El apóstol Pablo nos explica: «El cuerpo no es un solo miembro sino muchos... Si todo el cuerpo fuese ojo, ¿Dónde estaría el oído?... Dios ordenó el cuerpo... para que no haya desavenencia en el cuerpo sino que todos los miembros se preocupen los unos por los otros» (1 Corintios 12:14, 17, 20, 25).

A unos les toca una función, a otros otra, pero si Dios te ha dado un sueño es seguro que alguien deberá complementarte. Muchos fracasos y mucho mal han venido a la iglesia por aquellos que quisieron hacer la del llanero solitario. Hasta Jesús tuvo un grupo íntimo de amigos para hacer su trabajo más efectivo. Me sorprende encontrar lo mismo una y otra vez; los ministros del evangelio que se han mantenido pujantes y fieles en el tiempo siempre tuvieron un grupo que los apoyaba, cuidaba y corregía. No siempre los vemos, pero detrás de líderes sobresalientes de la iglesia como Billy Graham, Luis Palau, Bill Bright, etc., siempre hubo un grupo de amigos que estaban con ellos dando el apoyo y consejo oportuno. Y no solo ministros famosos. Muchos misioneros que fueron fieles en lugares desconocidos, testifican que lo primero que hicieron fue buscar un pequeño grupo de oración.

Punto de reflexión

¿Por qué es mejor trabajar en equipo?
¿Cómo puedo ser un buen jugador de equipo?

Audiencia con el Rey

Señor, permíteme formar parte de un buen equipo de personas, Ayúdame a elegir bien y ser una persona que sabe trabajar en equipo. Quiero que me ayudes a darles a otros el primer lugar, quiero ser sensible a las necesidades de los demás para que juntos podamos llegar más lejos.

Encuentro 95

Compañeros de sueños

Mateo 18:19 *Además les digo que si dos de ustedes en la tierra se ponen de acuerdo sobre cualquier cosa que pidan, les será concedida por mi Padre que está en el cielo.*

Todos necesitamos compañeros de sueños. ¿Alguna vez, procuraste conseguir un grupo pequeño de amistades, en el que pudieras compartir no solo cosas superficiales, sino confesar tus pecados y virtudes como las entiendes? No es fácil, pero debemos intentarlo. Tengo algunos amigos con quienes puedo pensar en voz alta. Ellos no me llaman Pastor Lucas ni me dicen Ministro Lucas, me llaman por nombres que solo ellos pueden usar. Estos amigos me corrigen y me ayudan a mejorar. Cuando me dan una opinión diferente a la mía, no me siento amenazado porque sé que me aman.

Al mirar algunas especies de pájaros puedes notar que arman una «V» cuando vuelan largas distancias. Algunos biólogos han estudiado este comportamiento y han descubierto que al hacerlo los pájaros pueden volar hasta un setenta y uno por ciento más rápido que cuando lo hacen solos y también han observado que cuando el pájaro que está al frente se cansa, cambia de lugar con otro. Un detalle más, los de atrás gritan animando a la formación. ¡Increíble! Ellos saben trabajar en equipo.

Conozco líderes que han fracasado, porque no han aprendido a trabajar en equipo. Esto no es fácil, al principio cuesta. Cuando era más joven me rendía con facilidad. Después entendí que aunque era un proceso que me demandaba un esfuerzo extra, después tendría mucho más frutos que trabajar solo.

Debes recordar el propósito de trabajar en equipo aunque sea difícil para ti. Es probable que pienses: «Yo ya soy así, no puedo trabajar en equipo», reacciona o esta decisión te llevará al fracaso. Todos podemos trabajar en equipo porque fuimos diseñados para eso. Piensa en tu familia como un equipo que debe lograr el éxito y la relación con tus padres seguro cambiará. Piensa en el grupo de jóvenes de tu iglesia como un equipo y seguro que alcanzarán más metas. Piensa en alguien con quien hasta ahora no pudiste trabajar, ¿qué cosas debes cambiar?

Punto de reflexión

¿Cómo sería el compañero ideal de tus sueños?
¿Dónde es más seguro encontrar a un buen compañero?

Audiencia con el Rey

Señor, dame compañeros de sueños y hazme alguien que sepa ayudar a otros a cumplir con los suyos. Te pido que me des personas especiales para que pueda compartir mis anhelos más profundos y me ayuden a desarrollar todo mi potencial.

Encuentro 96

Hay una esperanza

Corina Remigio
El Porvenir, BC México

Tito 1:2 *En la esperanza de la vida eterna, la cual Dios, que no miente, ya había prometido antes de la creación.*

Hay una canción de Edgar Lira titulada: «Hay una esperanza», que habla acerca de este mundo y las guerras. Y dice: Aunque exista el engaño, el abandono de niños inocentes que andan por la calle sin mamá ni papá, aunque en el mundo haya odio y maldad, existe una esperanza y esa esperanza es lo único que puede hacer que el mundo cambie. Esa esperanza puede hacer que haya paz y no guerra, que haya amor y no odio y esa esperanza es Jesús. Él, que dio su vida en una cruz, soportando que lo escupieran, azotaran y burlaran, por amor al mundo, por querer salvarnos de las llamas eternas del fuego de la soledad. Pero a este mundo le cuesta entender el sacrificio de Jesús y prefiere vivir en odio y en constantes guerras.

La canción también habla del pueblo donde Jesús nació, de cómo eran sus padres, y dice que él no escribía libros ni nada parecido. Eso me hace entender que no necesitamos ser hijos de pastores famosos, ni políticos ni tampoco importa nuestra edad; igual que Jesús, debemos llevar el evangelio a las personas que no conocen del amor de Dios.

Tú y yo podemos y debemos como cristianos llevar esa luz que brilla en medio de la oscuridad de forma que llevemos la esperanza que el mundo necesita para ser salvos y vivir a plenitud.

Punto de reflexión

¿Cuál es mi disposición para llevar luz a tanta oscuridad?
¿Cuánta disposición tengo para hacerlo?

Audiencia con el Rey

Querido Dios, gracias por el sacrificio y el ejemplo de humildad de Jesús. Te pido que en mi corazón haya esa voluntad de querer llevar tu luz donde no la hay y que pueda soportar cualquier humillación y maltrato.

Encuentro 97

Ser como niños

Christian Hotton
Olivos, Argentina.

Mateo 18:3 *Les aseguro que a menos que ustedes cambien y se vuelvan como niños, no entrarán en el reino de los cielos.*

La Palabra de Dios dice en varios pasajes que para entrar en el reino de los cielos, debemos ser como niños. Ahora bien, ¿Qué significa comportarse como niños? ¿Será que debemos adoptar las características hermosas que se tienen a esa edad (que luego muchos pierden)? Para empezar, diremos que los niños son puros y sencillos. Esto quiere decir que son sinceros, expresivos y no tienen segundas intenciones ni esconden nada. ¿Cuántas veces escondemos sentimientos, aparentamos cosas o engañamos a personas? En segundo lugar, los niños son verdaderamente libres. Esto, a primera vista, no parece ser así, porque son absolutamente dependientes de sus padres. Pero por eso, porque saben que tienen padres que los protegen y que nunca van a estar solos, se sienten libres. Si se lastiman, papá los cura; si lloran, mamá los consuela.

¿Somos conscientes de la total libertad que tenemos con el amparo de nuestro Padre celestial? En tercer lugar, los niños piden... y piden mucho. Y a veces, por tanto insistir, consiguen lo que quieren, según la voluntad de los padres en consentir ese deseo. Bueno, nosotros no podemos esperar que el Señor conceda las peticiones de nuestro corazón si no le expresamos cuáles son. Debemos pedirle, mediante nuestras oraciones, lo que queremos (sea grande o chico) porque si es su voluntad, él va a responder. ¿Cuándo fue la última vez que le pedimos concretamente algo a Dios? En cuarto lugar, los niños recuerdan las promesas que los padres les hacen. Personalmente, cuando mi papá me hacía una promesa, se la recordaba a cada rato porque sabía que la cumpliría.

Ahora bien, si no conocemos las hermosas promesas que el Señor nos hizo (están en la Biblia), ¿cómo podremos pedirle que las cumpla en nuestras vidas? Imitemos a los niños, para sentir a Dios un papá cercano y personal.

Punto de reflexión
¿Qué características de niño he perdido y debería recuperar?
¿Qué puedo hacer para recuperarlas?

Audiencia con el Rey
Señor, no quiero perder las buenas características de la niñez. Gracias porque puedo acercarme a ti con simpleza y honestidad, y puedo depender siempre de ti. Eres un Padre bueno y hoy me gozo de ser tu hijo.

Encuentro 98

MÁS COMO NIÑOS

Christian Hotton
Olivos, Argentina

Lucas 18:17 *Les aseguro que el que no reciba el reino de Dios como un niño, de ninguna manera entrará en él.*

En el devocional anterior, hablábamos acerca de ser como niños para entrar en el reino de los cielos. Nombramos cuatro características que los niños tienen, y que nosotros, como hijos de Dios, debemos imitar: «Pureza y simpleza, absoluta libertad, realización de peticiones, y finalmente, conocimiento de las promesas de los padres. Hoy agregaremos tres características más. *La primera:* Confianza, los chicos confían en los padres, aun en medio de situaciones complicadas. Se apaga la luz y enseguida cualquier niño busca la mano del padre para sentirse seguro. Los temores de los niños desaparecen cuando saben que los padres los están acompañando. También nosotros, debemos sentirnos protegidos del mal cuando estamos tomados de la mano de nuestro Padre celestial.

En segundo lugar: Los niños creen todo lo que los padres dicen. Por ejemplo, si al contar un cuento, el papá habla de un caballo que vuela (sin aclarar que es ficción), no hay razón para dudar de la veracidad del hecho. Y hay otras cosas imposibles, e incluso ridículas, en los cuales los niños creen, nada más porque el padre dice que existen. Pero nosotros, muchas veces, no creemos en las cosas que Dios nos dice o muestra, a pesar de que sabemos que para él no hay nada imposible. Deberíamos creer en sus palabras con la misma intensidad que un niño cree en lo que sus padres le dicen.

Finalmente: Crecer, esta es una característica que todos los niños tienen y la demuestran continuamente. «Mira qué alto soy... mira qué grande estoy..., etc.» Los niños siempre quieren crecer, siempre quieren ser más fuertes, más «grandes». Es una lástima ver que existen cristianos que se conforman con una vida espiritual chata, sin anhelos de crecer cada día como hijos de Dios. No seamos así, imitemos a los niños y busquemos crecer cada día en nuestra relación «padre-hijo» con Dios. Y no olvidemos que Dios nos invita a recibir su reino como niños.

Punto de reflexión

¿Le crees a Dios, cuando las cosas parecen humanamente imposibles? ¿Cómo podría crecer espiritualmente?

Audiencia con el Rey

Señor, ayúdame a crecer. Quiero ser una persona cada vez más fuerte y sana para servir a otros y hacerte feliz. Gracias por estar conmigo siempre que te necesito, siempre voy a creer en ti.

Encuentro 99

SUEÑA

Josué 1:9 *¡Sé fuerte y valiente! ¡No tengas miedo ni te desanimes! Porque el Señor tu Dios te acompañará a dónde quiera que vayas.*

Dios le había dado un sueño a Josué. El sueño decía que él iba a conquistar la tierra prometida por el Señor. Este sueño había sido una imagen real en la mente de Josué por muchos días y sobre todo por incontables noches. Muchas veces el techo de la tienda se había convertido en una pantalla donde Josué podía ver las conquistas de Canaán y ahora Dios le decía a través de Moisés que siguiera adelante. Estoy convencido de que la misma promesa funciona hoy para cada cristiano. La historia de Israel es la tuya y la mía. Adelante siempre hay una tierra prometida y para llegar hay una decena de conquistas por lograr.

Dios quiere que sueñes, que lo hagas en grande porque él es grande. Tus sueños tienen que ser lo suficientemente grandes como para que Dios pueda hacer algo imposible. Si todo puedes hacerlo tú, entonces no lo necesitas y ese no fue su plan. Vivir sin sueños es solamente existir; pero Dios quiere que tengas vida en abundancia y para eso hay que soñar, luchar y alcanzar muchos sueños. Algunas personas se han olvidado de soñar y usar la imaginación. Ellas te van a decir que hay que ser realistas y no se puede vivir de los sueños. Hay algo de verdad en eso; no se puede vivir ni de los sueños ni en los sueños. Pero si se puede vivir «por» los sueños porque ellos nos dan sentido y dirección. Dios ya ha puesto sueños en tu corazón y los seguirá poniendo al paso de los días. Tendrás la tarea de evaluar si son solo tuyos o vienen de parte Dios. No es difícil saberlo. Si son de Dios pensarás más allá de tu propio beneficio y tendrán relación con algo de lo que él ya nos encomendó. Los grandes sueños requieren que profundicemos más allá de la superficie de nuestras limitaciones, fracasos pasados o distracciones fáciles. La historia está llena de ejemplos de soñadores que alcanzaron algo que parecía imposible. Cuánto más es posible con un Dios que te dice: «¡Sé fuerte y valiente! ¡No tengas miedo ni te desanimes porque yo estaré contigo donde quiera que vayas!»

Punto de reflexión

¿Por qué Dios quiere que sueñes?
¿Cuál puede llegar a ser tu tierra prometida?

Audiencia con el Rey

Señor, hoy quiero pedirte que me muestres tus sueños para mí y me des valentía para creerte y luchar por conquistarlos.

Encuentro 100

FILTROS

1 Corintios 6:12 *Todo me está permitido, pero no todo es para mi bien. Todo me está permitido, pero no dejaré que nada me domine.*

Muy pocos se levantan un día y dicen: «Hoy voy a hacer un desastre con mi vida y voy a darle rienda suelta al pecado aunque me arruine». Más bien el proceso de envolver a una persona en el pecado es lento, susurra al oído, y no pone fechas. Este proceso de ruina tiene que ver con olvidarse de usar algunos filtros que nos permiten diferenciar lo que nos conviene de lo que no nos conviene. Pablo decía que todo nos está permitido y es cierto. Aunque papá y mamá no te dejen, o la iglesia te ponga límites, si quieres hacer cosas malas a escondidas nadie podrá impedírtelo. Al fin y al cabo tenemos libertad de hacer lo que queramos y nadie puede impedirlo. Es por eso que somos nosotros los que tenemos que usar estos dos filtros:

1. *Filtro de la moralidad.* Este te ayuda a no dejar pasar aquellas cosas que sabes que Dios piensa que no te convienen. Quizás otros te digan: «No está mal», quizás para la sociedad sea algo «normal», pero tú sabes que la Biblia enseña que no está bien. Quizá no entiendes las razones, no importa por ahora. Este filtro tiene que ver con poner tu fe en lo que Dios dice y te ayudará a considerar que él es Dios y por eso sabe lo que te conviene.

2. Filtro de la Excelencia. Este, no solo diferencia lo bueno de lo malo sino que separa lo bueno de lo «mejor». Este filtro se usa pensando en el futuro. Lo mediocre suele pensar en el ya y ahora, pero si usas el filtro de la excelencia estarás pensando en que es lo que puedes hacer para llegar más lejos y cumplir tus sueños. El filtro de la excelencia te ayudará a cumplir tus sueños y no conformarte con lo mediocre, recuerda servimos a un Dios de excelencia.

Punto de reflexión

¿Estoy usando estos filtros para decidir con quién ando y qué hago?
¿Cómo puedo usar estos filtros en mi vida diaria?

Audiencia con el Rey

Señor, quiero ser inteligente y no dejarme arruinar. Quiero cuidar mi santidad y cada día usar estos filtros para no permitir que lo malo entre a mi vida.

Encuentro 101

Soy útil para el Señor

Santiago López
Temperley, Argentina.

Jeremías 1:7 *Pero el Señor me dijo: «No digas: "Soy muy joven", porque vas a ir a donde quiera que yo te envíe, y vas a decir todo lo que yo te ordene».*

Fuimos invitados a tocar en un pequeño concierto cuando nos llamaron unos periodistas de radio para responder algunas preguntas acerca de nuestro grupo de música. Estábamos muy contentos por la entrevista y obviamente queríamos responder muy bien a cada pregunta. Primero las clásicas preguntas de cómo se había formado la banda y nuestros nombres. Casi nos peleábamos por hablar. Luego por alguna razón una pregunta nos hizo hacer un silencio. La verdad que requería una respuesta bastante rápida para cualquiera de la banda, excepto para uno. Pero justo este amigo que tenía muy poco tiempo dentro de la iglesia decidió responderla antes que ninguno. La pregunta fue: ¿Cuál es el propósito y qué sientes cuando estás tocando en el grupo? Su respuesta fue simple: «Quiero ser útil para el Señor y así me siento tocando». Nosotros mismos nos quedamos sorprendidos de lo apropiada que había sido su respuesta. Nos alegramos por su entendimiento de lo que estaba sucediendo en su interior y lo que estábamos haciendo en la realidad.

¡Qué genial es sentirse útiles para el Señor! Fuimos creados por Dios con propósito, parte de ese plan divino es permitirnos disfrutar de la vida en una forma útil al prójimo, a nuestra familia y a nuestros amigos. No vivamos pensando en ser útiles algún día cuando seamos adultos. Hoy puedes hacerlo. Somos útiles porque Dios nos hizo así. ¡Hay tanto que podemos hacer poniéndonos a su disposición! No esperemos para «cuando seamos grandes». Tampoco estemos siempre esperando de los demás. Seamos útiles para el Señor y la humanidad estará agradecida.

Punto de reflexión

¿Cómo puedo ser útil para el Señor?
¿Por qué hay tantos que se sienten inútiles?

Audiencia con el Rey

Querido Rey, quiero ser útil para que me uses en lo que necesites. Hoy mismo me pongo en tus manos para que puedas usarme en este día.

Encuentro 102

SI DIOS ES TU PADRE, LLAMA A CASA

Filipenses 4:6-7 *No se inquieten por nada; más bien, en toda ocasión, con oración y ruego, presenten sus peticiones a Dios y denle gracias. Y la paz de Dios, que sobrepasa todo entendimiento, cuidará sus corazones y sus pensamientos en Cristo Jesús.*

Cierta vez Martín Lutero dijo: «Tengo tanto para hacer hoy que me voy a pasar las primeras tres horas en oración». Es que cuando oramos nos conectamos con la fuerza más poderosa del universo, Dios. Comenzar el día con él es muy importante. Si vivimos conscientes de su presencia no podemos levantarnos en la mañana sin saludarlo.

La historia del hijo prodigo se usa siempre para hablar de los apartados y alejados. Usamos esta categoría para los que no vienen más a la iglesia o están fríos espiritualmente (cosa que solemos juzgar por la cantidad de reuniones a las que asisten). Pero no hace falta dejar de ir al templo para estar fríos. Solo con dejar de orar empezamos a ser hijos que no hablan con papá Dios. La oración crea esperanza y poder. Hablar con Dios nos enjuaga el corazón, es por eso que cuando pasamos mucho tiempo sin hablar con él se nos enfría la relación. Es igual que dejes de hablar con tu papá o tu mamá en la tierra. No puedes saber qué hacen, piensan, sienten y pronto dejas de entenderlos. Hoy todos saben que para que las relaciones interpersonales funcionen debe haber una buena comunicación. Lo mismo sucede con Dios. La oración no es un monólogo con el techo. Dios escucha atentamente cada oración y a su tiempo responde. Él es el Padre y nosotros sus hijos. Por qué, entonces, andar por ahí sin contar con la riqueza, el consejo y seguros de la protección del Padre. Mejor llamar a casa y asegurarnos que estamos comunicados con Dios. Su teléfono nunca está ocupado.

Punto de reflexión

¿Cómo está mi vida de oración?
¿Qué voy a hacer para mejorar?

Audiencia con el Rey

Querido Dios, gracias por estar atento a mis oraciones. Gracias porque eres un padre amoroso que siempre nos escucha, perdona y protege. Te quiero mucho y te alabo por tu gran amor.

Encuentro 103

¿A QUIÉN LE IMPORTA?

Cristina Ramírez
Asunción, Paraguay.

Santiago 1:27 *La religión pura y sin mancha delante de Dios nuestro Padre es ésta: atender a los huérfanos y a las viudas en sus aflicciones, y conservarse limpio de la corrupción del mundo.*

En mi país hubo una generación que sufrió tanto con los cambios políticos y económicos que en algún momento decidió que como nada podía cambiar, había que ser indiferente. La frase más repetida de esa generación llegó a ser: «A mí ¿qué me importa?» Entiendo que hayan llegado a ese extremo porque las cosas estaban realmente mal, pero «a mí ¿qué me importa?», no puede ser una respuesta cristiana. A nosotros debe importarnos hacer el bien a cualquier precio. No podemos dejar que el desánimo anule nuestros deseos de ayudar al bien común. Por más gobiernos corruptos y gente egoísta que haya a nuestro alrededor, los cristianos no podemos ser iguales. Decir no me importa es una actitud muy egoísta.

La Biblia nos recuerda orar por los gobernantes, y podemos ver a los personajes bíblicos bien involucrados con la vida social de sus ciudades (Jesús, José, Daniel, etc.). Los cristianos podemos desear involucrarnos en la sociedad para mejorarla porque tenemos la verdadera respuesta a todos los problemas humanos: Cristo. Con él somos más que vencedores. Todo lo podemos porque nos fortalece y con él podemos amar al prójimo y no buscar nuestro propio bien.

Si nosotros cambiamos, podemos soñar y luchar por un mundo mejor en la medida de nuestras posibilidades, pero no debemos decir que no nos importa.

Punto de reflexión

¿Cuál debe ser la actitud del cristiano respecto a los problemas sociales? ¿Qué puedo hacer por mi ciudad?

Audiencia con el Rey

Señor, quiero ser alguien que ayude a cambiar su entorno. Perdóname, por las muchas veces que he sido indiferente a los problemas de otros. Quiero ser parte de la solución y no del problema.

Encuentro 104

CORAZÓN

Román Caballero
Quilmes, Argentina

Ezequiel 36:26 *Les daré un nuevo corazón, y les infundiré un espíritu nuevo; les quitaré ese corazón de piedra que ahora tienen, y les pondré un corazón de carne.*

Todo el que explora una montaña se alegra al encontrar un río de agua cristalina que corre por lugares inciertos. Esos ríos son hermosos. Lo primero que yo haría si pudiera estar en uno, sería tocar el agua transparente y disfrutar en un momento de silencio su ruido tan sereno. Después, me gustaría quitarme los zapatos y las medias y disfrutar del agua. Pero recuerda el desafío para atravesarlos, están llenos de piedras, sobre las cuales es difícil caminar.

Pienso en algunas de las características de estas piedras: Una es que siempre están frías. La segunda característica es que son duras. ¡Por más que tiremos una contra el suelo, difícilmente se rompe! La tercera es que son pesadas. Claro que hay diferentes clases y tamaños de piedras, pero en su esencia casi todas pesan. La cuarta es que están muertas. Las piedras no tienen vida, ni crecen, ni aman. Dios nos dice que a cambio de nuestro corazón de piedra, él nos dará un corazón tierno. El de piedra es frío, duro, pesado y está muerto. ¿Te preguntas por qué Dios se interesará en hacer esto por nosotros? ¡Porque no tiene un corazón de piedra!

Si pensamos bien lo que Dios nos enseña por medio de este versículo, nos daremos cuenta que nos da una palabra de gracia ¿por qué? Porque nadie merece el regalo que nos ofrece. Solo él puede darnos un corazón amoroso y espiritualmente vivo. Eso no lo pueden hacer tus padres, ni tu pastor, ni tu mejor migo. ¡Solo él tiene poder para hacerlo!

Cuando le damos nuestro corazón a Dios lo que estamos haciendo es pedirle uno bien caliente, sensible, solidario y piadoso y lleno de su Espíritu.

Punto de reflexión

¿Qué opinión tengo acerca de mi corazón?
¿Qué quiere decir que él cambia mi corazón de piedra por uno de carne?

Audiencia con el Rey

Querido Dios, ayúdame a ocuparme más de mi corazón. Dame más de ti para que pueda disfrutar un corazón solidario, sensible y piadoso como el tuyo.

Encuentro 105

Primero los pies. Luego el salto

Caleb Fernández,
Lima, Perú.

Efesios 5:14 *Despiértate, tú que duermes... y te alumbrará Cristo.*

Durante un tiempo, después que mi hermano se fue a otro país para estudiar, compartí mi habitación con mi primo. Fue bueno saber que nos íbamos a llevar muy bien, pues los dos teníamos gustos parecidos. Él estudiaba en la universidad a una hora y media de casa y tenía que levantarse muy temprano. A nadie que conozco le gusta levantarse muy temprano y mucho menos en invierno. Pues bien, él tenía una forma «interesante» para levantarse: «Sonaba el despertador y sin chistar ponía los pies en el suelo y (literalmente) daba un salto. Después del salto iba directamente para el baño».

En ocasiones intentaba despertarme cinco minutos antes, solo para ver el espectáculo y admirar su forma de levantarse: «Primero los pies, luego el salto». Un día le pregunté cómo era que hacía para levantarse y por qué tenía ese estilo tan peculiar de hacerlo. Él me respondió: «Tengo que ir a clases y la urgencia me lo manda». Cosa sencilla para él, para mí era todo un desafío. Un día lo intenté: «Primero los pies, luego el salto», no era tan difícil hacerlo una vez, pero muy complicado al intentarlo todos los días.

Es bueno descansar, pero mucho mejor es saber el momento justo para dar el salto y empezar a actuar. No nos demoremos mucho al encontrarnos con el mismo Dios llamando a nuestra vida como un despertador... Él sueña contigo, sueña con las capacidades que te dio, sueña con que le seas útil. Tú eres fruto de un sueño de Dios. Cuando se haga evidente que él te llama para algo nuevo, no dudes en levantarte rápido. No te quedes en la cama, «Levántate tú que duermes... primero los pies, luego el salto».

Punto de reflexión

¿Para hacer qué cosas me cuesta más moverme?
¿Cómo puedo cambiar esos hábitos?

Audiencia con el Rey

Gracias Señor, porque cada mañana es una nueva oportunidad de hacer cosas a tu servicio. Gracias porque si nos levantamos con una fuerte disposición para hacer lo bueno, tú nos alumbras y nos muestras el camino para lograrlo. Hoy quiero ser responsable con todo lo que debo lograr.

Encuentro 106

FALTA UN POCO MÁS

Caleb Fernández. Lima, Perú

2 Pedro 1:4 *Así Dios nos ha entregado sus preciosas y magníficas promesas para que ustedes, luego de escapar de la corrupción que hay en el mundo debido a los malos deseos, lleguen a tener parte en la naturaleza divina.*

Hace algún tiempo estuve en Río de Janeiro, Brasil, junto a unos amigos. Obviamente teníamos que conocer el famoso «Cristo Redentor». Llegamos un día en que había mucha gente y el auto solo podía subir a paso de tortuga, nos pusimos de acuerdo y decidimos llegar a pie. No nos imaginamos lo que nos esperaba.

Caminamos durante media hora y podíamos ver con claridad la imagen del Cristo, nos faltaba poco. Continuamos caminando y caminando; sin embargo, mirábamos la imagen que nos parecía cada vez más cerca. La caminata era interminable, subíamos en zig zag, caminábamos, corríamos y la imagen se veía cada vez más cerca. Estábamos seguros de que estábamos llegando.

Le preguntamos a una pareja que bajaba, si estábamos cerca, y con una sonrisa pícara, nos dijeron: «Les falta un poco más». ¡No podía ser! Estábamos muy cansados y lo veíamos cerca. Algunos se desanimaron pero no podíamos quedarnos a mitad de camino, además solo faltaba un poco más.

Al fin llegamos, luego de una caminata muy larga, y quedamos fascinados con tanta belleza de la ciudad de Río. En realidad, el Cristo nos parecía cerca, pero realmente era muy grande y muy alto. Luego nos enteramos que la montaña que subimos caminando llamada «Corcovado» donde se encuentra «El Cristo» mide 710 metros. Y que la imagen que mirábamos a lo lejos y nos parecía cerca, medía 38 metros de altura.

¿Cuántas grandes promesas tenemos en Dios? ¿Cuántas de ellas se ven cerca? Hay mucho camino por recorrer, siempre encontraremos la ansiedad a la vuelta de la esquina, pero debemos ser pacientes y seguir hasta el final.

No dudes que Dios tiene preparado algo grande y maravilloso para tu vida. Primero habrá que caminar, y en este caminar tendremos que aprender a vivir, y en este aprender a vivir, habrá que construir una historia que tiene el gran final de alcanzar todas las promesas de Cristo.

Punto de reflexión

¿Cuáles son algunas de las metas que deseo alcanzar a largo plazo? ¿Cuáles son las que quiero alcanzar este mismo año?

Audiencia con el Rey

Señor, gracias porque el que persevera llega la cima de la montaña. Es cierto que a veces las cosas que pensamos que eran más simples son muy complicadas, pero al final es más hermoso alcanzarlo..

Encuentro 107

Ayuda a los adictos

Salmos 146:7 *El Señor hace justicia a los oprimidos, da de comer a los hambrientos y pone en libertad a los cautivos.*

¿Conoces a alguien cercano a ti que tenga un vicio? La mayoría de nosotros podríamos responder: Sí. Otra pregunta: ¿Alguna vez le ofreciste ayuda para liberarse del vicio? Solo una minoría de nosotros puede responder afirmativamente. Conozco a muchos cristianos que cuando están con alguien que tiene un vicio esconden su cabeza en la tierra como el avestruz. Usan la simple frase: «Eso es pecado», y ni se les ocurre que ellos podrían ser de ayuda ¿te suena conocido? La siguiente pregunta es: ¿Cómo ayudar a esas personas? Muy bien, eso depende de su adicción: drogas, pornografía, alcohol o también puede ser adicto al estudio (aunque seguramente este no es tu caso). En uno u otro es vital informarse, hablar con gente preparada, leer libros, buscar en Internet y tener una idea de los efectos del vicio y sobre todo cómo se puede salir. Pero realmente la clave es simplemente ir y hablar con esa persona y proponerle ayuda. Quizás puedes decir: «No sé cómo, pero quiero que sepas que de veras deseo ayudarte a liberarte de esto que te hace mal». Puede que la otra persona primero se burle o no sepa cómo reaccionar. En general, los que tienen vicios están acostumbrados a que los reten y les digan el mal que están haciendo. La mayoría de ellos lo saben. Necesitan algo más que oír que están mal para salir de eso. Otra ayuda es la oración. La oración mueve los cielos y tu corazón y tu mente. Muchas veces al orar, Dios me ha indicado alguna frase, historia o acción a tomar con esa persona y así ayudarla.

Dios me ha permitido ayudar a mucha gente a salir de las drogas, el alcohol, el cigarrillo, la pornografía y distintos tipos de vicios. En todos los casos la clave fue el amor, la paciencia y —muy importante— hacerles rendir cuentas de cuáles eran sus progresos y fracasos. Indira Ghandi dijo: «No puedes estrechar la mano de alguien si tienes el puño cerrado».

Punto de reflexión

¿Cómo puedo ayudar a los adictos que conozco?
¿Quién tiene la verdadera solución a las adicciones? ¿Por qué?

Audiencia con el Rey

Señor, una vez más te pido ser un instrumento en tus manos. No quiero tener mis puños cerrados. Quiero dar mi ayuda concreta a gente que lucha con adicciones. Dame la fuerza para permanecer libre siempre.

Encuentro 108

VANAS ILUSIONES

Paula del Vecchio
Adrogué, Argentina

Salmo 31:6 *Odio a los que esperan en ídolos vanos; yo, por mi parte, confío en ti Señor.*

¿Qué son los ídolos vanos? La vanidad es algo sin sentido; y un ídolo es algo o alguien que tomó el lugar de Dios. En otras versiones de la Biblia cuando se traduce ídolos vanos se usa: «Vanidades ilusorias». Esto último se refiere a algo que pertenece al terreno de la imaginación. Hace miles de años que David ya hablaba de los ídolos vanos. Y no hablaba solo de las ilusiones vanas sino también de los que esperan en esos ídolos. Él decía que no gustaba de esas personas porque su confianza no estaba puesta en Dios. Esperar en cosas que no tienen sentido o propósito o no tienen nada que ver con los planes de Dios son juegos que te hacen perder el tiempo y hasta el dinero. Confiar en cosas vanas es muy peligroso y puede ser equivalente a quitarle su lugar a Dios. Hay chicas que sueñan despiertas con los afiches de algún galán de moda pero nunca prestan atención a lo que enriquece sus vidas espirituales. Chicos que están todo el día pensando en la computadora pero no le prestan ni cinco minutos a sus estudios.

Ahora, en el siglo XXI, podríamos catalogar como algo ilusorio a tantas cosas que sería imposible hacer una lista. Pero recuerda, todo lo que en tu vida le quita el primer lugar a Dios, se puede convertir en un ídolo.

Construir castillos en la arena es lindo cuando somos pequeños, pero cuando maduramos sabemos que cualquier ola se los lleva. Hay cosas que no son malas en sí mismas, sin embargo o nos alejan de Dios o no edifican un futuro seguro. Dejemos atrás todas las ilusiones vanas y tengamos mucho cuidado con construir ídolos que le quiten su lugar a Dios.

Punto de reflexión

¿Dónde está tu tesoro?
¿Qué vanidades le quitan el primer lugar a Dios?

Audiencia con el Rey

Señor, perdóname por las muchas veces que dejé de confiar en ti y por poner mi tiempo y dedicación en cosas que se deshacen con el tiempo. Ayúdame a creerte al cien por ciento y a esperar y confiar en lo que tienes para mí.

Encuentro 109

PROPÓSITO

Efesios 2.10 *Porque somos hechura de Dios, creados en Cristo Jesús para buenas obras, las cuales Dios dispuso de antemano a fin de que las pongamos en práctica.*

Tu vida y la mía tienen un propósito eterno. Desde el más allá Dios quiso que nosotros fuésemos personas de bendición. Cuando llama a Abraham, levanta a Moisés y escoge a David, está bien claro que lo que Dios quería era que fueran de bendición a las naciones. Algunos nos preguntamos tantas veces cuál es la voluntad de Dios para mi vida. Pablo lo dice claramente. La voluntad de Dios es que seamos de bendición a otras personas. Fuimos creados con ese propósito y todo lo que ponemos en práctica en nuestra vida debe estar orientado a bendecir a otros. Sé que esto hoy suena bastante raro porque la sociedad nos ha enseñado a pensar solo en nosotros mismos. Pensamos, qué quiero hacer, qué voy a estudiar, a dónde quiero llegar y quién quiero ser, pero reflexionamos muy poco en otros cuando nos proponemos los pasos a seguir en nuestra vida. Dios quiere que eso cambie. Él quiere que entendamos que su propósito para su pueblo es que seamos de bendición. A eso se refiere con «buenas obras». Algunos ven estas como cosas que NO hacemos en contraposición con aquello que hacemos. Creen que buena obra es no decir malas palabras, no fumar, no bailar, no vestirse de determinada manera y muchas cosas más que puedes agregar a la lista. Las buenas obras cristianas tienen que ver con bendecir a los necesitados, ayudar a otros, cooperar con los que están cansados, salvarle el día a alguien que está angustiado, orar por los enfermos, ayudar a los pobres etc.

Recuerda: Dios te eligió para buenas obras y todo lo que hagas debe tener el propósito de bendecir a otros. Si se levanta un ejército de jóvenes que piense así, entonces la iglesia va a ser eficiente.

Punto de reflexión

¿Para qué fui creado según Efesios 2.10?
¿Cómo puedo ser de bendición?

Audiencia con el Rey

Querido rey, hoy quiero entregarme a tu obra. Quiero que me uses para bendecir a todas las personas que tenga cerca. Prometo reflexionar seriamente para ver como puedo ser una persona que bendice diariamente.

Encuentro 110

COSAS POR HACER

Santiago 2:17 *La fe por si sola, si no tiene obras, está muerta.*

A continuación encontrarás una lista de cosas que hoy mismo podrías hacer para marcar una diferencia positiva en el mundo que te rodea:

Llamar a un amigo que hace mucho que no ves.

Decirle algo agradable a alguien no muy conocido.

Ordenar tu casa sin que te lo pidan

Hacerle las compras a algún anciano que no pueda

Animar al pastor en su ministerio y decirle lo importante que es para la iglesia.

Invitar a la iglesia, el próximo fin de semana, a alguien de tu familia que no conozca al Señor.

Hablarle de Cristo a algún compañero de la escuela

Cortarle el pasto a un vecino

Lavar el automóvil de tus padres

Preparar la cena y poner la mesa con velas y música

Punto de reflexión

¿Cuál de todas vas a hacer?

No te detengas ni pongas excusas, al menos una de la lista puede hacer la diferencia en alguien hoy.

Audiencia con el Rey

Querido rey, hoy quiero ser alguien que ayude a otros a sentirse mejor. Dame un corazón sensible para hacer tu voluntad aun en las cosas pequeñas de cada día.

Encuentro 11

SAL Y LUZ

Sebastián Spagnoli
Olivos, Argentina

Mateo 5:13 – 14 *Ustedes son la sal y la luz del mundo...*

Durante años, mientras leía esta porción bíblica, entendía el concepto de la luz, pero no así el de la sal. Leyendo algunos libros y la misma Biblia fui captando lo que Jesús quería de nosotros al dar este ejemplo en el famoso sermón del monte. En esos tiempos no existían ni neveras ni congeladores. De la única manera que mantenían la frescura de la carne era «salándola». La sal detiene el estado de descomposición.

Me paso los días escuchando a la gente criticar al gobierno, la corrupción, el crimen, la actualidad e incluso, muchos cristianos criticando al «mundo» y a los «mundanos» alejándose a veces como si fueran una peste, convirtiendo a las iglesias en refugios para «santos» escandalizados por lo «carnal». Pero no podemos culpar a la carne por descomponerse si nosotros no le echamos sal para que mantenga su sabor original. Esto quiere decir que Dios hizo todo bien, la carne la hizo rica y sabrosa, el hombre fue hecho de esta manera, pero Satanás, el mentiroso, el corrupto quiere corromper y descomponer todo. Nosotros, los cristianos, no debemos ser solo coquetos saleritos eclesiásticos que están en la mesa como lindos adornos. Ahí debemos estar para salar la carne antes de que se descomponga. No podemos responsabilizar a la carne por pudrirse, tampoco echarle la culpa al mundo por corromperse, o al diablo por corromper, lo que debemos preguntarnos es: ¿Dónde está la sal? ¿Dónde estaba yo?

Algunos dicen: «Los cristianos no debemos meternos en la política, ni estudiar tal carrera, ni meternos en tal lugar, para no contaminarnos». ¡Mentiras del mentiroso! Nosotros debemos salar la carne porque somos sal. También somos luz y cuanto más oscura esté la habitación, más necesidad tendrá de luz. Salgamos a iluminar no solo con palabras, sino con nuestras vidas. A la gente no le importa tanto lo que yo diga, o sienta, le importa lo que yo vivo, lo que realmente soy. Por eso en medio de esta oscuridad, nuestra luz debe brillar claramente a través de todo lo que hacemos.

Seamos los protagonistas, seamos la sal y la luz de este mundo.

Punto de reflexión

¿Qué pasa si la sal no sala? ¿Cómo puedo comportarme como sal y luz?

Audiencia con el Rey

Querido Dios, quiero ocupar el lugar de sal y luz que encomendaste a tus discípulos. Ayúdame a cuidar a los que me rodean para que no pierdan la frescura y puedan vivir en santidad.

Encuentro 12

Comodidad

Corina Remigio
El Porvenir, BC México

Proverbios 24:12 *¿No habrá de saberlo el que vigila tu vida? ¡Él le paga a cada uno según sus acciones!*

Cuentan la historia de un joven que orando a Jesús le decía:

—Señor, desde mi infancia te conozco, he leído la Biblia. Constantemente participo de las actividades de la iglesia, pero aún me siento vació, dime qué es lo que debo hacer para sentirme totalmente lleno.

—Comodidad hijo —le respondió Jesús.

—Pero Jesús, comodidad es lo que me hace falta para estar lleno de ti —respondió el joven.

—Sí hijo, comodidad —insistió el Señor.

—Jesús, realmente no entiendo tus palabras —volvió a decir el joven anonadado.

—Como di dad; dad como yo os di, de la misma forma como yo les he dado —aclaró el Señor.

Con esto el joven comprendió lo que Jesús realmente quería decirle. Hoy en día existen cristianos que creen que simplemente con orar a veces y leer la Biblia ya son salvos y tienen la vida abundante. Pero si Jesús vino a este mundo a dar su vida por nuestra salvación, también es justo que hagamos obras para su gloria.

Hay cristianos que solo dan lo que les conviene o lo que quieren dar; pero Jesús quiere que le des todo, tus sentimientos, tu fuerza, tu amor para con los demás que no conocen el nombre del Señor. Porque él no dio solo una parte de su vida para salvarnos, él dio todo, se entregó sacrificándose y muriendo por nosotros en la cruz, y ahora es tiempo de que nosotros hagamos lo mismo, que demos toda nuestra vida por el Señor Jesucristo.

Punto de reflexión

¿Realmente quiero dar toda mi vida por Jesús?
¿Con qué obras acompaño mi fe?

Audiencia con el Rey

Dios, ayúdame a vivir una vida llena de ti, y dar todo cuanto tengo por ti Jesús.

Encuentro 113

INMENSA FIDELIDAD

Viviana Santa
Bogotá, Colombia.

2 Timoteo 2:13 *Si somos infieles, él sigue siendo fiel, ya que no puede negarse a sí mismo.*

Los jóvenes casi siempre tenemos una canción o un cantante favorito. Yo no soy la excepción. Entre mis canciones favoritas, hay una que es muy especial. Quizás la letra no es extensa, y es muy conocida por todos, pero el significado es muy importante para mí. Esta canción me habla de la grandeza de nuestro padre Dios en un sentido muy especial. Dice así:

Tu fidelidad es grande,
Tu fidelidad incomparable es.
Nadie como tú, bendito Dios.
Grande es tu fidelidad.

Cuando pasamos por alguna situación que nos agobia, quisiéramos escapar y desaparecernos de este planeta. Pero afortunadamente no es así de fácil. Si lo hiciéramos, no tendríamos tiempo de descubrir la increíble fidelidad del Señor. Aunque olvidemos que solo junto a él podemos avanzar, aunque olvidemos agradecerle por nuestra vida, aunque cierto día dudemos o le fallemos; él nunca nos va ser infiel. Su amor no tiene límite ni barreras y él me lo ha demostrado de mil maneras. El tiempo en que mi papá estaba enfermo y murió, fue cuando más crecí espiritualmente. Estaba llena de dudas. El último día que mi papá pudo hablar me pidió que le cantara. Entoné varias canciones que recién estaba aprendiendo en la iglesia, pero la última que le cante fue «Tu fidelidad». Él ya no podía respirar, ni hablar, pero en su rostro reflejó tranquilidad y paz, mientras yo cantaba. Pude ver cómo mi papá tenía el gozo del Señor a pesar de lo terrible que estaba sucediendo. Cómo no tener paz si Jesús estaba ahí con él, presente hasta el último momento de su vida terrenal. La fidelidad de Jesús se extiende aun más allá de la circunstancia más adversa de este mundo.

Punto de reflexión
¿En este momento de tu vida, le eres fiel a Jesús? ¿Cómo serlo hoy?

Audiencia con el Rey
Jesús, gracias por tu fidelidad. Perdóname por fallarte. Hazme siempre fiel, como lo eres tú conmigo

Encuentro 114

TELL ME WHY? [DIME POR QUÉ]

Colosenses 3:2 *Concentren su atención en las cosas de arriba, no en las de la tierra.*

El conocido A.J. McLean, uno de los famosos Backstreet Boys, fue ingresado a un centro de rehabilitación para recibir un tratamiento por «depresión, ansiedad y excesivo consumo de alcohol». En Estados Unidos y el mundo, miles de jóvenes chicas, inspiradas en una de las canciones más famosas del grupo, se preguntarían: Tell me why? [Dime por qué] sería que alguien tan lleno de fama, dinero y éxito tendría que encerrarse por estar deprimido y descontrolado. ¿No es qué con dinero, fama y éxito tenemos asegurada la felicidad? Los medios de comunicación masivos nos venden esa idea una y otra vez. A.J. McLean nos diría fuertemente: ¡NO!

Creer que esas cosas son un boleto seguro a la felicidad es un engaño. Beber de ellas es tomar de una fuente que nunca nos deja satisfechos y conformes. ¿Cuándo es suficiente la fama? ¿Cuándo es suficiente el dinero? Jesús nos invitó a tomar del agua que en verdad nos satisface. Las cosas que el mundo nos hace creer que son las respuestas para la vida pueden ser una trampa. No son ninguna garantía ni aunque salgan en la televisión y parezcan la clave para la vida feliz. Tarde o temprano nos vamos a dar cuenta de que nuestra sed no se satisface y peor podemos haber arruinado mucho de nuestra vida en el proceso de alcanzarlas. Howie Dorough, otro de los Backstreet Boys, le dijo a la televisión que lo de McLean se había convertido en una falta de respeto a toda la banda y que era triste verlo destruyéndose. He visto mucha gente que por conseguir fama, dinero y un nombre arruinó relaciones tan cercanas como la de su familia o amigos.

La respuesta a «Tell me why» es que tenemos una necesidad de amor que nadie puede llenar sino Dios mismo. Él es nuestro creador y la fuente de la vida eterna. El resto de las cosas son pasajeras. Eso no quiere decir que sean malas en sí mismas, al contrario pueden ser muy útiles. Pero sin duda nuestra vida tiene que apuntar a mucho más que eso. Busca primero el reino de Dios.

Punto de reflexión

¿Cuánto me creo las mentiras de este mundo?
¿Puede uno tenerlo todo y estar destruido por dentro?

Audiencia con el Rey

Señor, te pido por aquellas personas que parecen tenerlo todo pero tienen un vacío interno. Hoy te pido por todos esos artistas famosos que parecen ser superfelices pero constatemente están tapando su sufrimiento. Ayúdame a poner la mira en las cosas realmente importantes.

Encuentro 115

LLUVIA DE AMOR

Camilo Robles
Ciudad de Guatemala, Guatemala

Filipenses 2:2 *Llénenme de alegría teniendo un mismo parecer, un mismo amor, unidos en alma y pensamiento.*

Habíamos pasado casi todo el día caminando y no encontrábamos lugar dónde pasar la noche. El reloj marcaba las 7:30 p.m. y ya anochecía. A cada instante que pasaba, el bosque se hacía más oscuro y corríamos el peligro de caer en un cañadón situado a la orilla del delgado sendero que alojaba nuestros ya cansados pasos. De pronto la oscuridad se apoderó de todo el bosque. Pensamos en alistar nuestras linternas, pero encontramos que había solo una que tenía baterías y estaban a punto de agotarse. Esperamos que estuviera más oscuro para usarla; pero al fin tuvimos que hacerla nuestra guía en medio del suspenso de la noche, aunque no tardó en apagarse. Decidimos caminar todos atados por una cuerda en la cintura, la cual nos mantenía unidos para que cada uno cuidara del otro y así no perdernos; la verdad que caminar en un lugar donde no se veía nada de nada impresionaba mucho y las chicas lo estaban haciendo notar. De pronto... una de nuestras compañeras resbaló en unas hojas y al sentir el tirón que provocó su caída pensamos que todos nos íbamos derecho al abismo. Gracias a Dios no era para tanto. Unos instantes después encontramos un lugar abierto donde fijar nuestras tiendas y hacer una fogata, para descansar bajo el hermoso techo de estrellas.

Allí reunidos alrededor del fuego decidimos compartir cuál había sido nuestra experiencia al tener que caminar por el bosque en esa oscuridad. Todos estuvieron de acuerdo en que atarse fue buena idea. De esa manera sentíamos que estábamos todos en el mismo camino y nadie se podría perder. Hablamos de lo difícil que es perderse sin luz y de lo terrible que eso sería si nos ocurriera estando solos. Luego empezamos a contar cuán importante había sido cada miembro del grupo para los que habían sido ayudados en algunos de los tramos de la aventura. Después de todo, allí fuimos un grupo de amigos unidos y con un mismo objetivo.

Punto de reflexión
¿Cuán unidos estamos a nuestros amigos de la iglesia?
¿Cómo podemos atarnos para cumplir las metas de Jesús?

Audiencia con el Rey
Querido Dios, gracias porque en medio de la oscuridad no estamos solos. Ayúdanos a ser un grupo unido que sepa ayudarse en los momentos difíciles en la iglesia. Ayúdame a crear un ambiente de unidad. Te pido por cada miembro del grupo de jóvenes de mi iglesia, bendícelos donde estén ahora. Amén

Encuentro 116

EL REGALO MÁS PRECIADO

Pablo Mejías
Madrid, España.

Isaías 4:2 *En aquel día, el retoño del Señor será bello y glorioso, y el fruto de la tierra será el orgullo y el honor de los sobrevivientes de Israel.*

Dicen que una vez, le encargaron al pintor de un pueblito rural, hacer una obra acerca de lo más hermoso que Dios les había regalado a los hombres. El pintor de nuestro relato salió a caminar en búsqueda del «modelo» para semejante pintura. Al pasar por un campo cercano al pueblo, encontró a una persona que lo estaba cultivando muy tranquilamente. Y le preguntó: «Dígame, buen hombre, ¿qué piensa usted que es lo más hermoso que Dios nos regaló?» El hombre lo miró y respondió: «La paz, sin duda». El pintor siguió su marcha, hasta que se topó con una señorita que estaba deshojando una margarita debajo de un árbol. El pintor repitió su pregunta, y la señorita contestó: «Por supuesto que lo más hermoso que Dios nos regaló es el amor». Ya en el camino de regreso a su casa, el pintor encontró un viejito, que estaba orando de rodillas en la puerta de su casa. «La fe, lo más hermoso es la fe», respondió el viejito, ante la pregunta de nuestro protagonista. Finalmente, el pintor llegó a su casa pensando en cómo combinar las tres cosas en un cuadro. Al entrar, cansado por el largo día de caminata, percibió la atmósfera de paz que siempre reinaba allí. Su mujer lo esperaba con una sonrisa, que expresaba amor y ternura. Y al sentarse a la mesa, el pintor se encontró con la mirada llena de fe, de sus pequeños hijos. Por eso al acostarse, ya tenía decidido cual sería el «modelo» de su pintura, que reflejaría la paz, el amor y la fe como los regalos más hermosos de Dios, para la vida humana. La pintura consistiría, simplemente, en un hogar, una hermosa familia... en un dulce y cálido hogar.

Punto de reflexión

¿Cuál es para ti el regalo más preciado que Dios nos ha regalado?
¿Qué tipo de hogar sueñas formar algún día?

Audiencia con el Rey

Señor, te pido por la que algún día va a ser mi familia. Quiero que me ayudes a ser la pieza justa para que ese hogar pueda ser uno lleno de paz, amor y fe.

Encuentro 117

PEARL HARBOR

Marcos 14:38 *Vigilen y oren para que no caigan en tentación. El Espíritu está dispuesto, pero el cuerpo es débil.*

En esas hermosas islas parecía que nada malo podría ocurrir. Después de todo, la guerra estaba a miles de kilómetros de distancia y Estados Unidos todavía no había iniciado oficialmente la Segunda Guerra Mundial. Pero el enemigo tenía bien planificada la táctica. El factor sorpresa era la estrategia principal. El 7 de diciembre de 1941 más de 2400 soldados y civiles murieron en Pearl Harbor. También varios barcos y equipos militares fueron destruidos costándole al gobierno millones de dólares. El ejército de los Estados Unidos no se esperaba la sorpresa de ser atacado en su propio puerto. Así nos pasa muchas veces a nosotros. No estamos atentos y creemos que los ataques del enemigo vienen solo cuando vamos a lugares no recomendables. Pero no es así, la tentación suele usar el factor sorpresa. Sin esperarlo estás sola en casa con tu novio. Sin saberlo justo están dando una película erótica en la televisión. No sabías que iba a estar una chica no cristiana tan linda en el cumpleaños. Ni pensaste que esa joven iba a dejar su cartera llena de dinero a tu lado en la reunión ¿por qué no conducir el automóvil como locos si llegaban tarde a la fiesta? En el examen justo te hacen la pregunta que sabe el compañero de al lado. Ni lo pensaste, pero de repente: «Pearl Harbor».

El enemigo nos va haciendo caer de repente o de a poquito, pero su deseo es que llegues a sentir que estás en un bombardeo de problemas y confusión. Por eso lo mejor es estar bien atentos y fortalecer nuestra mente y corazón para que cuando venga la tentación inesperada ya estemos preparados y sabiendo cómo actuar. Al enemigo no le interesa en qué puerto te encuentres y a veces saca ventaja de que te sientas en una zona de seguridad. Ahí puede usar el factor sorpresa. ¡Ten cuidado!

Punto de reflexión

¿Cuáles pueden ser mis Pearl Harbor?
¿Cómo estar fuertes antes de que venga la tentación?

Audiencia con el Rey

Querido Dios, hoy te pido que me des fuerza ante los enemigos de mi vida cristiana. Dame sabiduría para saber prestar atención cuando viene el momento de tentación y la capacidad de huir de ellas. No quiero que el enemigo me tome por sorpresa.

Encuentro 118

Amor verdadero y falso

1 Corintios 13

Diez diferencias entre el amor verdadero y el falso:

1. El verdadero es paciente
El falso no puede esperar, es impulsivo
2. El verdadero es benigno
El falso busca lo suyo propio
3. El verdadero no tiene envidia
El falso sufre con el bien de los demás
4. El verdadero no se irrita
El falso es irrespetuoso y no le importa si hiere
5. El verdadero perdona
El falso piensa en la venganza
6. El verdadero se goza en la verdad
El falso trata de tapar el pecado
7. El verdadero todo lo soporta
El falso se retira en momentos difíciles
8. El amor es fiel
El falso se burlará de ti
9. El amor es comprometido
El falso no es confiable
10. El verdadero amor protege
El falso busca lo suyo sin importar las consecuencias

Punto de reflexión
¿Qué clase de amor damos?
¿Con qué clase de amor me voy a conformar?

Audiencia con el Rey
Señor, dame de tu amor e inteligencia para poder diferenciar cuando el amor que tengo frente a mí es amor del falso.

Encuentro 119

Si la envidia tuviera olor

Santiago López
Temperley, Argentina.

Proverbios 14:30 *El corazón tranquilo da vida al cuerpo, pero la envidia corroe los huesos.*

Eran dos hermanos que habían tenido todo y ahora estaba en serios problemas económicos. Damián era el mayor y Miguel el menor. Este último continuaba agradeciendo a Dios por todas las cosas que le había dado día a día, mientras que su hermano se enojaba con él al oírlo. Damián empezó a notar que la vida de su hermano menor era cada día mejor en su relación con Dios y seguía feliz. Mientras tanto Damián empeoraba a cada minuto. Así fue que la envidia fue apoderándose de él. No podía soportar que su hermano disfrutara la vida más que él, y por eso empezó maltratarlo. Una noche Damián escuchó que Miguel le decía a Dios: «Gracias por tenerte cerca, por la comida de todos los días y la relación que podemos tener» y se llenó de furia. Desde esa noche, en su mente empezó a convencerse de que Dios quería más a Miguel que a él, y este sentimiento fue en aumento hasta el punto de tener el deseo de golpear a su hermano. ¿Todo por qué? Porque Miguel era feliz a pesar de la situación y él no.

Estas es una historia que me ha hecho preguntar: ¿Acaso no tenían Miguel y Damián las mismas posibilidades de relacionarse con Dios? ¿No era la misma familia en la que habían sido criados? Sabemos que Dios no hace acepción de personas y aunque unos y otros somos diferentes todos tenemos las mismas posibilidades de disfrutar de su amor. La diferencia entre Miguel y Damián estaba en su forma de asumir el problema que enfrentaba su familia. Miguel había aprendido a ser agradecido aun en medio de problemas.

Para que la envidia no se haga parte de nuestra vida debemos estar siempre bien bañados de agradecimiento y enfocarnos en las cosas que Dios nos ha regalado. Dejemos la envidia de lado y seamos agradecidos. Nuestra vida se fortalecerá y podremos estar contentos en escasez o abundancia, sin mirar peligrosamente a otros.

Punto de reflexión
¿Cómo nace la envidia? ¿Cómo luchar contra ella?

Audiencia con el Rey
Señor, líbrame de la envidia. Ayúdame a estar siempre bien bañado de malos pensamientos hacia otros. Sé, que cuando pienso algo malo de otro debo confesarlo y limpiarme para no acumular olor a envidia. Dame inteligencia para saber contentarme con lo que tengo.

Encuentro 120

NOVIAZGO DEL SUELO Y DEL CIELO

Cantares 3:1 *Por las noches, sobre mi lecho, buco al amor de mi vida; lo busco y no lo hallo.*

El amor de tu vida lo puedes encontrar un día cualquiera y en un lugar inesperado. Puede aparecer en el momento menos pensado, puedes darte cuenta de repente o puedes abrir tus ojos poco a poco.

No es lo mismo establecer una relación de noviazgo con una persona que estimule lo mejor de nosotros, que hacerlo con una pareja que nos cause reacciones negativas. Todas las personas, producimos conscientes o no, un efecto en aquellos con quienes nos relacionamos. Algunas veces es bueno y otras malo. Ahora, piensa cuánta influencia ejerce en tu vida la persona con la que tienes una relación amorosa. ¡Muchísima! Por eso es muy importante elegir bien. La otra persona tendrá un fuerte efecto en tu vida espiritual, tus logros, gustos, tiempo y más. Por eso Dios quiere que pensemos muy bien si queremos tener un noviazgo del cielo o uno del suelo.

NOVIAZGO DEL CIELO

Me va a ayudar a crecer
Va a sacar lo mejor de mí.
En el lugar correcto
Tiempo indicado
Va alimentar mi fe
Alimenta el verdadero amor

NOVIAZGO DEL SUELO

Va a detener mi crecimiento
Sacará lo peor de mí
En el lugar equivocado
Tiempo inadecuado
Va a secar mi fe
Por enamoramiento

Punto de reflexión

Piensa muy bien en cada una de las características de la lista y considera la relación que tienes o deseas.

Audiencia con el Rey

Querido Dios, gracias porque no hay camino más inteligente hacia la felicidad completa que someterlo todo a tu santa voluntad. Quiero ser una persona sabia y paciente que sepa elegir bien como tener un noviazgo del cielo.

Encuentro 124

¿DÓNDE ESTÁ DIOS?

Gisela Ramos
California, USA.

Gálatas 2:20 *...y ya no vivo yo sino que Cristo quien vive en mí. Lo que ahora vivo en el cuerpo, lo vivo por la fe en el Hijo de Dios, quien me amó y dio su vida por mí.*

¡Qué pregunta la del título! Algunos responderán: «En todas partes», otros «En el cielo». Los más espirituales dirán: «En mi corazón». Pero, ¿Sabemos exactamente dónde está? Porque muchas veces lo dejamos a un lado de nuestras vidas y nuestras decisiones y solo lo sacamos y defendemos los domingos en la reunión. Otras veces vamos tan apurados con nuestros planes que esa palabra «oración» ni siquiera la recordamos, y no le pedimos consejo al más sabio. Vamos tan rápido que dejamos a Dios atrás. También está el típico pensamiento adolescente: «Ahora me quiero divertir, igual Dios va a estar todo el tiempo», y lo dejamos para más adelante.

Pero, debemos tener en cuenta que si dejamos a Dios de lado, las cosas no van a salir bien. Si lo dejamos atrás, podemos creer que sabemos más que él, y tarde o temprano (seguro que muy temprano) nos vamos a estrellar contra la pared. En cuanto a dejarlo para más adelante, es cierto que él estará para siempre, pero para nosotros el tiempo nunca va a volver atrás, y después nos vamos a arrepentir, tanto de lo que hicimos como de lo que no (Eclesiastés 12:1). Por eso, aprovechemos nuestra juventud y llenémonos de ganas para comprometernos de verdad con Jesús. Sirvámosle solo a él y hagámoslo el centro de nuestras vidas. No lo pongamos a un lado, atrás, adelante o abajo. Sencillamente tengámoslo ***DENTRO*** de nuestros corazones. Dejemos que su amor y bendición nos brote.

Punto de reflexión

¿Tengo a Dios dentro de mí o le asigné otro lugar?
¿Cómo entender diariamente que Dios está conmigo?

Audiencia con el Rey

Padre Dios, perdón por todas las veces que te quite el lugar que mereces o te reemplace con cosas para nada comparables contigo. Quiero siempre recordar que tu Espíritu está siempre disponible para ayudarme a ser como Cristo. Amén.

Encuentro 122

LA AMISTAD PRIMERO

Caleb Fernández
Lima, Perú.

Proverbios 18:24 *Hay amigos que llevan a la ruina, y hay amigos más fieles que un hermano.*

Mi hermano y yo, fuimos a un colegio cerca de donde vivíamos. Allí cursamos casi toda nuestra primaria y secundaria, hicimos grandes amistades que perduran hasta hoy.

Ese colegio enseñaba religión católica y en nuestro curso solo mi hermano y yo éramos cristianos evangélicos. En la primaria, nos daban la opción de no asistir a esta materia, pero nosotros participamos de las clases en la mayoría de los años. Era difícil, como niños ser excluidos de la mayoría.

Ya en la secundaria, éramos más conscientes de nuestra misión y servicio a Cristo y nos preguntábamos por qué no invitar a nuestros amigos a la iglesia. Comprendimos, luego de un consejo de mi padre acerca de la amistad, que la mejor forma de evangelizarlos y llevarlos a Cristo era con nuestro ejemplo y una amistad sincera. Durante los cinco años de la secundaria, todos sabían que éramos evangélicos, pero muy pocas veces hacíamos referencia a ello. En el último año, teníamos un gran grupo de amigos y un día los invitamos a la iglesia; obviamente no se podían negar. Definitivamente ese fue el día preparado por Dios para mis amigos. Les tengo que decir que no pasó nada extraordinario, todos estuvieron a gusto pero nada más. La semilla quedó sembrada en sus corazones. Pasaron un sinfín de situaciones a partir de ese día y esta historia tiene un final feliz. Seis de mis amigos entregaron su vida a Cristo y tres le sirven comprometidamente en algún ministerio. Casi todos mis compañeros de curso, escucharon acerca de Cristo. Ese mismo año, mi familia y yo nos mudamos de ciudad y de país así que no los pude ver durante un buen tiempo, pero al regresar de vacaciones descubrí que ellos siguen hablando de Cristo cada vez que se encuentran con nuestros ex compañeros de colegio. En ocasiones la mejor forma de evangelizar es con una amistad ejemplar.

Punto de reflexión

¿Cómo puedo evangelizar por medio del ejemplo?
¿Cómo puedo ser un buen amigo cristiano?

Audiencia con el Rey

Señor, gracias por ser el mejor amigo del mundo. Gracias porque con tu ayuda podemos ser personas confiables y buenos amigos a los otros. Hoy permíteme evangelizar por medio de la amistad

Encuentro 123

La ofrenda agradable

Samuel Eli Zenteno Rojas.
Ensenada, México.

Lucas 21:3 *Esta viuda pobre ha echado más que todos los demás.*

Se dice que había una viejecita viuda en la sinagoga donde había asistido Jesús a la hora de la recolección de las ofrendas. Esta viuda entregaba su ofrenda muy sencilla, pero la daba con todo su amor pues era todo lo que poseía. Al ver esto, el Maestro de maestros, les dijo a sus amigos que esa viuda era la que más había dado para el reino de Dios pues dio todo lo que tenía, mientras que los demás solo dieron de lo que les sobraba. Los discípulos se sorprendieron pero pronto entendieron lo que el Maestro les dijo.

Ahora bien, involucremos el personaje de la viejecita en el presente, más aun, en nuestra vida personal. Tenemos que hacernos la pregunta: Cuándo ofrendamos ¿Somos como la viuda que agradó a Jesús dando todo lo que tenía o como los que daban de lo que les sobraba? A veces pensamos que porque somos adolescentes o jóvenes y muchos no tenemos un salario eso no es para nosotros. Pero casi todos recibimos algún dinero de nuestros padres. ¿Ofrendamos de corazón? Este es el momento para aprender a hacerlo. También me pongo a pensar que esto no se aplica solo a la ofrenda de los domingos, sino también a nuestros talentos y tiempo. Te animo a que tu vida sea completamente dedicada a Jesús y juntos dejemos de darle de lo que nos sobra.

Punto de reflexión

¿Qué habría sentido la viuda antes de dar?
¿Por qué darle todo al Señor?

Audiencia con el Rey

Te pido Señor que me ayudes a entregarte todo a ti, mi vida, mi corazón, mis sueños, mis talentos, mis ofrendas, mi tiempo, te lo entrego todo a ti, úsalos para tu obra y ayúdame a continuar por el buen camino.
Amén.

Dejando la venganza y abrazando el perdón

Deuteronomio 32:35 *Mía es la venganza; yo pagaré.*

Encuentro 124

Susi me decía que no podía perdonar ni pedir perdón. Era la primera vez que venía a una actividad cristiana y hablaba con un pastor. Enseguida llevé la conversación a lo que hizo Jesús en la cruz. Ella se sorprendió que la cruz tuviera relación con el perdón.

A menudo los adolescentes no quieren perdonar porque quieren desesperadamente que la persona que los hirió pague por lo hecho. También les cuesta pedir perdón porque es como admitir que se equivocaron y tienen miedo que otros (en especial los padres) les sigan echando en cara lo que hicieron, en otras palabras, tienen miedo a la venganza.

Vengarse es prohibido por Dios. Pablo escribe: «No tomen venganza, hermanos míos, si no dejen el castigo en las manos de Dios». Tomar venganza es jugar a ser como Dios. Haciéndolo nos colocamos en el mismo nivel que la persona que nos ofendió. Lo mismo ocurre si no pedimos perdón por temor a lo que haga la otra persona. Somos maduros cuando entendemos que lo que otras personas hagan o dejen de hacer es su responsabilidad delante de Dios. Después de aquella tarde, Susi entendió que ella debía perdonar y pedir perdón, y que en realidad, podía hacerlo olvidando las reacciones de los demás. Después de todo la madurez trata de asumir nuestras responsabilidades. Además obviamente tenemos el beneficio de sentirnos aliviados por habernos liberado del sentimiento de culpa en el caso de pedir perdón. Y también sentirnos liberados de que tenemos que pagar algo a cambio. Dio se encargará de eso.

Punto de reflexión

¿Tengo que esperar que otros me pidan perdón para perdonar?
¿Por qué la cruz significa perdón?

Audiencia con el Rey

Querido Rey, quiero agradecerte por tu perdón. Señor, deseo perdonar a los que me lastiman como tú me perdonaste. Gracias porque perdonando podemos sentirnos libres al saber que hicimos lo correcto y agradable a ti.

Encuentro 125

¿QUIÉN SOY?

Román Caballero
Quilmes, Argentina

1 Juan 2-4 *El que afirma: «Lo conozco», pero no obedece sus mandamientos, es un mentiroso y no tiene la verdad.*

Cuando tenemos una fiesta de disfraces, lo primero que se nos ocurre pensar es: «¿Cómo vamos a vestirnos?» Hay muchos tipos de disfraces, pero lo más común es llevar puesta una máscara con el retrato de alguien. Con un antifaz podemos tapar nuestro rostro totalmente, así logramos que nadie sepa quiénes somos y aparentar lo que en realidad no somos.

En nuestra vida cotidiana solemos usar máscaras. Tapamos en nuestro rostro tristezas, mal humor, pleitos, rebeliones, lejanías, desinterés a la Palabra de Dios, etc., Pero ocultar estas cosas suele convertirse en una carga extra, y como no queremos que el otro se entere o nos pregunte qué nos pasa, preferimos caer en la mentira. Con Jesús no hace falta ocultar nada. Él nos invita a que seamos verdaderos amigos, estemos como estemos y seamos como seamos. En nuestro andar cotidiano, debemos intentar reflejar en nosotros su espíritu, su persona, su verdad, hacia los demás, pero no hace falta disfrazarse ni ponerse ninguna careta. Claro que día tras día, pecamos y necesitamos la obra redentora de Jesús, pero no tengo que ponerme ninguna careta. Si caigo tengo que levantarme y cumplir sus mandamientos. El que dice que lo conoce y no refleja una vida de devoción, de dedicación y de gratitud, se convierte en un mentiroso, por eso nunca debemos usar caretas.

Debemos esforzarnos en cumplir sus mandamientos pero si nos cuesta o caemos o nos frustramos debemos ser sinceros y pedir ayuda. Debemos hacer todo lo posible por ser personas sin caretas que se esfuerzan en guardar sus mandamientos.

Punto de reflexión

¿Tengo máscaras en mi vida?
¿Qué debo hacer para quitarlas?

Audiencia con el Rey

Querido Dios, ayúdame a tener presente tus mandamientos en mi vida, para lograr quitar toda máscara de mí alrededor, y parecerme cada día más a ti.

Encuentro 126

Yo soy el Señor tu Dios

Deuteronomio 5:6 *Yo soy el Señor tu Dios, Yo te saqué de Egipto, país dónde eras esclavo.*

Todo el mundo conoce los Diez Mandamientos, ¿cierto? Veamos: Hay algo acerca de no matar, no robar, no mentir, ehh..., ahí van tres... no robar, ehh. ¿Sería bueno repasarlos, no?

Arriba puedes leer el primero. Para muchos el principal. Es que si conocemos la identidad de Dios vamos a obedecer y confiar en todo lo que nos diga. Conociendo quién es nuestro Dios debemos experimentar seguridad, gracia y paz. Al saber cómo es su carácter nos vamos a sentir invitados a su presencia. El segundo de los mandamientos dice: «No tendrás otros dioses delante de mí» (Deuteronomio 5:7), y es parte de la misma verdad. Si tenemos una idea clara de quién es Dios cómo vamos a poner otra cosa o persona en su lugar. Con el mismo empeño se nos dice: «No pronuncies el nombre del Señor tu Dios a la ligera» (Deuteronomio 5:11). Usar el nombre del Señor en vano es igual a no darle ninguna importancia a Dios.

Él es el creador de las galaxias, de lo que vemos y lo que no vemos. Lo que gustamos y lo que olemos. Lo diminuto y lo gigante. No podemos tomarlo a la ligera. Dios no puede ocupar ningún otro lugar en nuestra vida que el que tiene en el universo. Él debe ser el centro de nuestras vidas. Dios es exactamente como Jesús porque Jesús es Dios. Dios llora por lo mismo que Jesús lloraba en la tierra y se alegra y se enoja por las mismas cosas que Jesús se alegraba y se enojaban ¿Cómo es tu Dios? Espero que sea como el verdadero Jesús de Nazaret. Él nos saca de la esclavitud (Egipto) para llevarnos a la verdadera libertad.

Punto de reflexión

¿Cuáles son las características principales de tu Dios?
¿En verdad creo lo que digo?

Audiencia con el Rey

Rey del cielo y de la tierra, no puedo más que darte gracias por el regalo de poder acercarme a ti. Quiero que me ayudes a cumplir tus mandamientos. Gracias porque ellos me ayudan a ubicarme en quién eres y cómo puedo vivir feliz cumpliendo tus propósitos.

Encuentro 127

SOCORRO HAY UN PADRE EN MI CASA

Deuteronomio 5:16 *Honra a tu padre y a tu madre, como el Señor tu Dios te lo ha ordenado, para que disfrutes de una larga vida y te vaya bien en la tierra que te da el Señor tu Dios.*

Cuando trabajé en mi primer libro, *No me metan en la Bolsa*, escribí acerca de la independencia que intentamos tener de los padres. Muchos adolescentes se me han acercado contándome acerca de los suyos. A veces me cuentan de ellos como que están hablando de una peste incurable. Los escucho y me imagino a la mujer lombriz y al hombre gusano. Varias de las historias que relatan en persona o por medio de cartas me hacen llorar, otras me dan ganas de dinamitarles la cama matrimonial a sus padres. Pero este no siempre es el caso. Lo cierto es que la mayoría de las veces lo que los padres hacen es simplemente una enorme prueba de amor a sus hijos.

También hablo con muchísimos padres y madres. He tenido madres llorando en mi oficina, padres frustrados y matrimonios desesperanzados. ¿Por qué hay tanto conflicto entre padres e hijos?

El quinto mandamiento parece ser el más difícil para muchos adolescentes. Para algunos «Honrar a tu padre y a tu madre», parece ser una misión imposible. Lo cierto es que sean como sean tus padres son los únicos que tienes. A veces suponemos que como adultos son responsables de saber siempre qué hacer y cómo reaccionar. Lo cierto es que ningún padre viene de fábrica con un manual para padres sensacionales. Lo mejor que podemos hacer por ellos es ser pacientes, tratar de ponernos en su lugar y escucharlos. Después de todo, eso es exactamente lo que queremos que ellos hagan por nosotros.

Punto de reflexión

¿Cómo puedo hacer para llevarme mejor con mis padres?
¿Qué será lo que ellos sienten cuando peleamos?

Audiencia con el Rey

Señor, tú eres un Padre perfecto, pero nosotros somos imperfectos. Necesito que me ayudes a entender mejor a mis padres y te pido que les ayudes a ellos a entenderme mejor a mí. Dame sabiduría para saber cómo pasarla lo mejor posible en casa.

Encuentro 128

¿QUÉ VES EN EL CAMINO?

Raimi Méndez
La Paz, Bolivia

Hebreos 10:35 *Así que no pierdan la confianza, porque ésta será grandemente recompensada.*

En Bolivia hay un precioso lugar llamado: «Los Yungas», pero para llegar allí se debe hacer frente a un camino tremendo, con precipicios, numerosas curvas, lluvias esporádicas, mosquitos, polvo y lodo. Cada tanto, después de una curva se aparece sin previo aviso un camionzote, todos gritan, algunos confiesan sus pecados y se preparan para el encuentro final con Dios, y luego de una estridente frenada se sigue el camino. Como el viaje es largo, los que vamos a Los Yungas jugamos a contar las cruces alrededor del camino. Son cruces que recuerdan algún accidente. Un juego, «muy alentador», podrás pensar.

Durante el viaje, también hay personas que cantan alabanzas, juegan y hacen chistes; pareciera que no se dan cuenta del peligro en el que se encuentran. Cuando llegamos al campamento con los nervios de punta, llenos de polvo y sin uñas en las manos ni en los pies, algunos pertenecientes al grupo de los cantores, pregunta: «¿Vieron el paisaje? ¡Estaba precioso! ¿Vieron las cascadas?»

Aun cuando estamos en un camino peligroso, hay días que nos sentimos de una forma especialmente diferente. Días en que cantamos y días en que nos asustamos. Días que contamos cruces y días que disfrutamos el paisaje. Lo importante es estar enfocados en la meta. Algunas experiencias van a crear nuevos miedos y otras nuevas confianzas. La clave está en usar unos y otros momentos disfrutando un tiempo a solas con Dios. Al llevarle nuestros sentimientos al Señor podemos disfrutar su fortaleza y seguir rumbo al destino de nuestra vida.

Puntos de reflexión

¿Soy alguien que viaja confiado o que cuenta cruces y fracasos de otros?

¿Cómo puedo alimentar mi confianza en el Señor?

Audiencia con el Rey

Señor, mi confianza está puesta en ti. No importa cuántas cruces del fracaso de otros, ni cuán peligroso sea el camino. Yo voy a seguir el camino hasta la cima con confianza aun en esos días que no tenga deseos de cantar.

Encuentro 129

Corazón de ratón

Jueces 6:12 *¡El Señor está contigo, guerrero valiente!*

Una leyenda de la India cuenta acerca de un ratón que temía mucho a los gatos, hasta que un mago se apiadó de él y lo trasformó en un felino. Esto resolvió su miedo por un tiempo, hasta que una noche lo persiguió un perro. Luego de hacer su reclamo el mago accedió y lo trasformó en perro. Aunque con algo de inseguridad, se hizo amigo de otros perros y una noche salió de la ciudad con ellos. Allí se toparon con un tigre y el ratón, ahora perro, quedó petrificado de miedo por los tigres. Al volver a la ciudad fue directo al mago y le pidió por favor que lo convirtiera en tigre. De esa manera iba a estar al fin seguro. Hecho tigre paseó por el río viendo como lo miraban otros animales, cuando escuchó el tiro de una cazador. Volvió al mago todo alborozado esa noche y le suplicó que lo transformara en cazador. Esta vez el mago se enojó. Su respuesta fue: «Te voy a convertir nuevamente en un ratón porque aunque ahora te ves como un tigre en tu corazón sigues siendo solo un pequeño ratón».

Todos conocemos personas que por fuera fingen ser tigres pero en su interior se sienten ratones. Adolescentes que no pueden hablar en serio y se viven burlando de todos. Jovencitas que no se quieren juntar con nadie que no se les parezca. Adultos que no saben más que poner reglas y están siempre enojados. Sentirnos seguros no tiene nada que ver con cómo nos vemos por fuera. Eso ayuda a corto plazo pero a la larga la seguridad siempre viene de adentro.

Punto de reflexión

¿Cómo me siento en verdad?

¿Qué puedo hacer para ser una persona más segura?

Audiencia con el Rey

Querido Rey, no quiero ser una persona que por fuera parezca un tigre si por dentro me siento un ratón. Quiero ser fuerte de adentro hacia afuera. Gracias porque cuento con la seguridad de que tú me amas y tienes un plan maravilloso para mi vida.

Encuentro 130

EL REINO DE LA IMAGEN

1 Samuel 16:7 *La gente se fija en las apariencias pero yo me fijo en el corazón.*

La modelo brasilera Giselle Bundchen se robó el show en la semana de la moda en Sao Paulo. Recibió $75000 por modelar tres bikinis. La modelo Linda Evangelista había declarado hace más de un año que por menos de $10000 no salía de la cama. Es posible que cuando leas este devocional estos números ya se hayan devaluado. ¿Todo ese dinero por qué? No podemos negar que la modelo es superhermosa pero ¿será la belleza verdaderamente tan importante?

Enciendes la televisión... y aparecen los comerciales, entonces una chica que parece un spaghetti en bikini dice: «Oh, estoy regorda ¿qué voy a hacer este verano»? Vas corriendo al espejo y empiezas a tocarte los rollitos... y claro, ¡en comparación a la modelo publicitaria pareces Mobby Dick!

La belleza física es sin duda uno de los dioses actuales, y tiene a muchos atentos al próximo culto de adoración llamado: «desfile», pero ¿Habrá algo detrás de todo esto? Sospecho que sí. Mira lo que sucede. Esta gente hermosa tan laureada en los medios masivos de comunicación se vuelven no solo modelos de ropa sino de vida. De alguna manera se nos dice: «Sí, quieres ser como ellos, vístete como ellos, vive como ellos» y una vez que la belleza física cautivó los ojos de los adoradores, todo lo que estos sacerdotes y sacerdotisas hacen y usan pasa a ser la medida de lo que es exitoso. También nos dicen indirectamente que la belleza es más importante que la inteligencia y la moral. Después de todo no hay demasiadas personas que ganarían 75000 dólares por hacer tres actos de bondad, dar tres sabios consejos o guiar a tres personas a Cristo. Por este reino de la imagen hay millones de personas que sufren, se sienten marginadas y creen estar condenados a una vida miserable. ¡Todo esto no puede venir del cielo!

En la iglesia debemos estar prevenidos a no dejarnos marear por tanta atención a la belleza física. Debemos tener ojos para ver otro tipo de bellezas, en especial ver y tener en alto precio la belleza espiritual. Por más que vivamos en el reino de la imagen nuestros valores deben ser celestiales que no miran sino a la hermosura del corazón.

Punto de reflexión

¿Es sano el nivel de importancia que le doy a la belleza? ¿Qué puedo hacer para ser una persona que ponga otras cosas como prioridad?

Audiencia con el Rey

Querido Señor, permíteme ser alguien que no se deja llevar por las tendencias de este mundo. Quiero apreciar la belleza de la mente y el corazón y sabe mirar con tus ojos.

En peligro de extinción

Ademar Ayala. Cochabamba, Bolivia.

Romanos 10:14-15 *¡Qué hermoso es recibir al mensajero que trae buenas nuevas!*

A muchos animales salvajes se les está agotando el tiempo de vida sobre nuestro planeta. Si no los salvamos desaparecerán para siempre. Algunas especies, ya han desaparecido. Por ejemplo es demasiado tarde para proteger al tilarino o Lobo de Tasmania, un raro marsupial australiano, extinto desde la década de 1930. El último tilarino murió en cautividad en 1933. En otros casos se pudo hacer algo al respecto. Por ejemplo el águila calva o pigargo de cabeza blanca de Estados Unidos estuvo a punto de extinguirse, pero gracias a que alguien hizo algo efectivo fue retirada de la lista de especies en peligro de extinción en 1996.

Los derrames petroleros en los océanos, la destrucción del hábitat, la caza furtiva y otros factores, resultado de la actividad científica solo enfocada en el consumo o el pasatiempo inconsciente de alguno, han hecho que muchas especies de todo el planeta se encuentren en peligro de extinción. Algunos de los que hoy están en peligro son: «Los cormoranes, el arenque, el bisonte, el glotón, el halcón peregrino, el manatí, el berrendo, la nutria, el aye-aye, el oso panda, el oso hormiguero, el ocelote, algunos tipos de elefante, el orangután, el leopardo de las nieves, el rinoceronte, el ornitorrinco, el oryx, el onagro, el guepardo, el tigre siberiano y... los cristianos», ¡¡¡Sí!!! No fue un error de imprenta. El número de cristianos también está en extinción en muchos países que antes eran considerados estados cristianos. El consumismo, la relativización de los valores y el crecimiento de falsas sectas religiosas nos han ubicado en peligro de extinción en muchas sociedades. ¡Esto tiene que cambiar! Tenemos que llevar el evangelio a esos países donde el número de cristianos es muy escaso. Así como se levantan asociaciones que hacen algo por los animales en extinción, en las iglesias deberíamos acordarnos de alguna nación de la tierra y proteger a los cristianos de ese lugar. Nuestra generación debe ser más consciente de ayudar y proteger a todos los que llevan las buenas nuevas a lugares remotos y peligrosos.

Punto de reflexión

¿Qué puede hacer la iglesia para que no haya lugares con cristianos en peligro de extinción? ¿Qué puedo hacer yo?

Audiencia con el Rey

Querido Dios, te pido por aquellos países que tienen un bajo porcentaje de cristianos. Aviva a tu iglesia para que un nuevo movimiento misionero se despierte en este tiempo. Quiero ser parte de una generación que tome mucho cuidado de todos los que llevan el evangelio de la paz en lugares donde es muy difícil penetrar con tu mensaje.

La iglesia no es una suma de actividades

Encuentro 132

1 Corintios 12:27 *Ahora bien, ustedes son el cuerpo de Cristo, y cada uno es miembro de ese cuerpo.*

Jesucristo no vino a imponer una religión o a adoptar rigurosas técnicas legalistas. Por el contrario, se opuso a ellas (Lucas 11:37-52). Lo que él vino a hacer fue una nueva creación de cada uno y en cada uno de nosotros. A veces las iglesias locales se vuelven una suma de actividades: reunión de jóvenes, reunión para organizar la reunión de jóvenes, reunión para organizarnos para organizar la reunión... y cuando finalmente llega la ocasión, siempre es lo mismo, y terminamos pensando que lo único que hacen los líderes es elegir el tema, quién predica, dónde y a qué hora. No podemos conformarnos que la iglesia sea solo religión. Hay cosas que deben estar en las bases: «Amistad, comunión, desafío, unanimidad», pero que estas cosas se den es responsabilidad de todos. La iglesia no puede ser una maleta cultural evangélica, debe ser una vivencia. De lo contrario empiezan los programas de entretenimiento para «nietos de Dios».

En muchas iglesias locales en las que me invitan me recomiendan hablar del compromiso. Salvo uno, que otro hijo prodigo, la mayoría nunca tuvo una experiencia fuerte de conversión. Un día se hace la oración de fe, la familia se pone contenta y con el tiempo te sumas a lo que llamo el «club de miembros mediocres de la iglesia». Si estás cerca de este caso mi noticia es que el cristianismo no es «hacer» o «dejar de hacer». No es una lista de prohibidos, ni una lista de deberes. El cristianismo tiene que ver con «ser». Tiene que ver con tu identidad «cósmica». Aquella para la que el Señor te eligió antes de la fundación de este mundo (Efesios 1:4,5). El primero y principal mandamiento es amar a Dios con todo lo que eres. Una relación y no una religión. Nos habla de una experiencia y de un sentimiento más que de una aseveración teórica. Nos habla de una vivencia más que de una actividad. Ser la iglesia es formar parte de grupo localmente enamorados de Dios. Estos hacen cosas cristianas por consecuencia de lo que viven por dentro y no para cumplir con algo o alguien. Por amor y no por temor.

Punto de reflexión

¿Qué cosas en mi experiencia cristiana son solo costumbres que aprendí desde mi niñez pero no las experimento de corazón?

Audiencia con el Rey

Señor, dame agua fresca para que pueda contagiar a mi iglesia de entusiasmo. NO quiero ser un miembro mediocre acostumbrado a ritos sin sentido. Quiero ser un miembro inteligente y útil que te ame y ame al prójimo.

Encuentro 133

LA ORACIÓN DEL PADRENUESTRO

Lucas 11:2-4 *Él les dijo: Cuando oren, digan: «Padre, santificado sea tu nombre. Venga tu reino. Danos cada día nuestro pan cotidiano. Perdónanos nuestros pecados, porque también nosotros perdonamos a todos los que nos ofenden. Y no nos metas en tentación.»*

Publicado en un viejo boletín de iglesia.
No puedo decir «Padre».
Si no intento cada día vivir como un hijo.
No puedo decir «Nuestro»
Si solo vivo para mí mismo.
No puedo decir «Que estás en los cielos».
Si solo pienso en las cosas terrenales.
No puedo decir «Santificado sea tu nombre». Si no le honro.
No puedo decir «Venga tu reino». Si lo confundo con el éxito material.
No puedo decir «Hágase tu voluntad». Si no la acepto cuando es dolorosa.
No puedo decir «Como en el cielo así también en la tierra«.
Si no le sirvo aquí y ahora.
No puedo decir «El pan nuestro de cada día, dánoslo hoy».
Si no me preocupo por los necesitados.
No puedo decir «Perdona nuestras deudas». Si guardo rencores.
No puedo decir «No nos metas en tentación».
Si deliberadamente me expongo al pecado.
No puedo decir «Más líbranos del mal».
Si no uso la armadura del Espíritu.
No puedo decir «Porque tuyo es el reino». Si no soy leal al Rey.
No puedo decir «El poder». Si temo lo que el hombre puede hacer.
No puedo decir «Y la gloria». Si solo busco mi propio honor.
No puedo decir «Por siempre». Si el horizonte de mi vida es el ahora.

Punto de reflexión

¿Cuál habrá sido la intención de Jesús al dejarnos esta oración?
¿Qué puedo aprender de esta oración modelo que me dejo Jesús?

Audiencia con el Rey

Te invito a tomarte unos minutos para orar el «Padre Nuestro» verdaderamente de corazón.

Encuentro 134

UNA JOYA

Marcelo Gallardo
Banfield, Bs. As. Argentina

1 Pedro 2:9 *Pero ustedes son linaje escogido, real sacerdocio, nación santa, pueblo que pertenece a Dios, para que proclamen las obras maravillosas de aquel que los llamó de las tinieblas a su luz admirable.*

Cuenta la historia que había un joven que tenía una deuda que no podía pagar. Su única pertenencia era un anillo heredado de sus abuelos; el cual decidió vender para pagar la deuda. Fue al mercado donde se lo mostró a cada uno de los mercaderes. «Lindo anillo», le decían; pero cuando el joven les informaba que necesitaba tres monedas de oro a cambio, algunos se le reían, otros no le dirigían la palabra y otros pocos, que querían ayudarlo, llegaron a ofrecerle hasta cinco monedas de plata, pero eso no era suficiente. El joven se pasó todo el día dando vueltas por el mercado hasta que al atardecer, ya muy desanimado, decidió volver a su casa para ver cómo hacía para saldar su deuda.

En el camino, se encontró con un anciano al que le contó su problema. El anciano le dijo: «Ese anillo no es tan valioso para los mercaderes... pero deberías consultar al joyero; ¿quién mejor que él para que te diga su valor real?» Entonces el joven fue a ver al joyero y le mostró el anillo. Este observó con su lupa con mucho detenimiento la joya, lo pesó y luego de pensar unos momentos le dijo: «Te pido perdón, pero por ser una venta urgente no te puedo ofrecer más de cuarenta y cinco monedas de oro».

Muchas veces nos pasa lo mismo que a este joven con su anillo; creemos que no valemos nada porque nos dejamos llevar por lo que la gente dice sin antes consultar con el que realmente conoce nuestro valor. El joyero es Dios. Él nos creó. Si no fueras valioso para él, no hubiera pagado un precio tan alto por ti. Así que no pienses que vales lo que la gente piensa; antes, pregúntale al joyero.

Punto de reflexión

¿Cómo evalúo el valor de mi vida? ¿Cómo evalúo el valor de otras personas?

Audiencia con el Rey

Señor, te pido que me muestres cuál es mi verdadero valor para ti. Te pido que me alejes de todas las ideas que me digan que yo no soy una persona valiosa y que no sirvo para nada. Gracias por amarme tanto, tampoco quiero ser alguien que no le de a otros el valor que se merecen.

Encuentro 135

¿QUIERES SER MI AMIGO?

Mateo 7:12 *Así que en todo traten ustedes a los demás tal y como quieren que ellos los traten a ustedes.*

A mí me costó bastante tener amigos de verdad, y eso que a los trece o catorce años hablaba hasta por las orejas. Tenía compañeros con los que me juntaba en la escuela, el barrio, haciendo deportes o en la iglesia; pero cuando quería que alguien realmente escuchara las cosas que me importaban, no tenía a nadie.

Esperaba que los demás se me acercaran y para lograrlo buscaba ser aceptado por el grupo ¿de qué hablo? De vestirme como todos, usar las mismas marcas que los demás, los mismos zapatos, comerme toda la información de las bandas de música del momento y todo lo que creía necesario para tener amigos. Pero pese a todo eso, siempre me daba la impresión de que nunca lo lograba, siempre había algo más por hacer, algo más por ocultar o algo más por comprar. Pero es hora de dejar de tener los brazos cruzados. Esperamos que los demás vengan por nosotros pero no somos nosotros los que damos aceptación, amor incondicional y hacemos favores desinteresados. Jesús nos aconsejó que tomáramos la iniciativa y vayamos a hacer por otros lo que quisiéramos que otros hagan por nosotros. El perfil del cristiano es mucho más que esperar y llorar por los amigos que no tenemos. El ministerio de Jesús fue hacer el bien sin esperar nada cambio y eso es lo que funciona.

Hay muchas cosas que no podemos elegir: «Dónde nacemos, raza, edad y nuestros hermanos». Pero si podemos elegir a nuestros amigos. Por eso empezamos bien: «Demos el amor de Cristo y busquemos el amor de Cristo en otros». En mi vida aprendí que tenemos que hacer amigos al andar y tomar la decisión de a quién y cómo vamos a ofrecer nuestra amistad. La verdadera amistad significa sacrificar tiempo, sueño y esfuerzo. Si quieres tener verdeceros amigos tienes que estar dispuesto a dar amistad.

Punto de reflexión

¿Cómo puedo tener realmente buenos amigos?
¿Qué tengo que ofrecer y qué no?

Audiencia con el Rey

Querido rey, gracias porque además de mi Dios eres mí amigo. Quiero ser una persona que sepa alimentar una verdadera amistad. Dame más amigos con quienes compartir todo y ayudarnos a crecer.

Encuentro 136

Los unos a los otros

Lee con cuidado los siguientes grandes consejos de la Escritura:

Ámense los unos a los otros con amor fraternal, respetándose, honrándose mutuamente. **Romanos 12:10**

Por tanto, dejemos de juzgarnos unos a otros. Más bien propónganse no poner tropiezos ni obstáculos al hermano.
Romanos 14:13

Acéptense mutuamente, así como Cristo los aceptó a ustedes para gloria de Dios.
Romanos 15:7

A fin de que no haya división en el cuerpo, sino que sus miembros se preocupen por igual unos por otros.
1 Corintios 12:25

Ayúdense unos a otros a llevar sus cargas, y así cumplirán la ley de Cristo.
Gálatas 6:2

Este es el mensaje que han oído desde el principio: que nos amemos los unos a los otros.
1 Juan 3:11

Punto de reflexión
Según estos versículos ¿qué podemos hacer unos por otros? ¿Cómo voy a hacer? ¿Cuál puede ser el precio?

Audiencia con el Rey
Querido Rey, necesito que me hagas más sensible a mi prójimo y en especial a mis hermanos en la fe. Dame la posibilidad de edificar un grupo de amigos y una iglesia donde todos estos versículos sean una realidad diaria.

Encuentro 137

Abandona el banco

Sebastián Spagnoli
Olivos, Argentina

1 Corintios 2:9 *Ningún ojo ha visto, ningún oído ha escuchado, ninguna mente humana ha concebido lo que Dios ha preparado para quienes lo aman.*

Este es mi versículo favorito, cada vez que pienso en él, me lleno de alegría y esperanzas, pensar que cosas que nunca vi, ni oí, ni sentí en mi corazón, ni me imagine para mi vida, Dios ya las tiene preparadas para mí. Y no es una posibilidad, es una promesa de Dios. Fíjate también que la promesa es condicional, dice que es para «los que le aman». Pero cuidado, lee bien, no dice para los «santos rectos ejemplos perfectos». La salvación no es un premio, es un regalo. Él te llama, me llama a mí, así como somos, para cambiarnos y transformarnos en santos, rectos y cristianos ejemplares. Pero es él quien lo hace. La única condición es que lo amemos, nunca que no nos equivoquemos.

Claro que siempre va a estar el mentiroso cuchicheando a tu oído «Eres un mal cristiano», «No eres capaz», «Te falta mucho todavía», «Mira tu pasado», «Tu presente no es muy distinto», «Tienes que dejar tal cosa» o «Tienes que hacer otra». Debemos hacer oídos sordos al mentiroso y sus mentiras. La otra vez leí que Satanás, diablo, no significa exterminador, destructor, asesino, ladrón o corrupto; significa engañador, calumniador, mentiroso. Aunque vino a hacer todo lo otro, también, nosotros debemos estar bien atentos a sus mentiras. Una de sus obras maestras es hacernos creer que el cristiano debe estar dentro de la iglesia, casi como refugiado, para no contaminarse con el mundo ¡mentira!

Hay dos tipos de cristianos. Los que entran a la iglesia, se sientan en un banco y reciben bendición, y los que se levantan del banco, salen de la iglesia y bendicen a los demás. Jesús está buscando cristianos del segundo tipo. Aunque imperfectos, valientes y amorosos. Así era David. Él cometió muchos errores, pero se dice que tenía el corazón de Dios porque lo amaba.

Los jóvenes y adolescentes no somos el futuro de la iglesia, somos el presente. Los que deciden salir a bendecir al mundo porque aman a Dios, y por ende a todo lo que él ama, ven y viven aventuras milagrosas especiales. Dios ha preparado un montón de aventuras para los jóvenes cristianos, pero para disfrutarlas debemos abandonar el banco de suplentes y creerle a Dios que nos va a permitir vivir cosas fabulosas.

Punto de reflexión

¿Soy un cristiano del primer o segundo tipo? ¿Cuándo voy a dejar el banco?

Audiencia con el Rey

Ayúdame, Dios, a ser titular en tu equipo, a salir a bendecir a otros y aunque soy imperfecto sentirme amado por ti.

138 Encuentro

VISIÓN DEL REINO

Santiago López
Temperley, Argentina

Mateo 22:2 *El reino de los cielos es como un rey que preparó un banquete de bodas para su hijo.*

Muchos de nosotros estamos acostumbrados a escuchar a nuestros amigos decir que el reino de Dios es un aburrimiento total. Notamos que muchos piensan que Dios es un vigilante que está siempre tratando de que no podamos disfrutar de ningún tipo de diversión. Claro que sabemos que no es así y queremos hacer algo al respecto. Pero algunos nos esforzarnos tanto en demostrar a la gente que nos rodea que la vida de la mano de Dios no es aburrida, que nosotros mismos nos olvidamos de disfrutar las cosas que nos regala a cada instante. A veces me digo: ¿No será tiempo de que Santiago empiece a disfrutar de vivir en cercanía con Dios?

Recibimos una visión correcta del reino de Dios cuando tenemos una relación cercana con el dueño del reino. Tener la posibilidad de disfrutar de este reino es para aquellos que logran descubrir que la forma real de disfrutar la vida existe en Dios. Por eso es que me doy cuenta que muchos piensan que el reino de Dios es aburrido porque no conocen al Rey y está lleno de cristianos aburridos que vivimos sin disfrutar enteramente nuestra cercanía a Dios. Es posible disfrutar tanto de Dios que la diferencia que eso produce sea visible a los ojos de la gente. Dios nos quiere cerca, lo más cerca para que podamos disfrutar de todas las riquezas de su reino, porque él es amoroso, tierno y aun ¡divertido!

Si disfrutamos en serio de una cercanía a Dios le demostramos al mundo que la vida cristiana es realmente divertida y ser parte y luchar por el reino de Dios es realmente un banquete inigualable.

Punto de reflexión

¿Cuál es mi visión del reino de Dios?
¿De dónde viene esa visión?

Audiencia con el Rey

Querido rey, es inigualable ser tu amigo. Gracias porque contigo podemos tener el corazón alegre y ser personas que disfrutan de la vida. Que la gente que me conoce pueda notar lo que es tenerte como Rey por lo que ven en mí.

Encuentro 139

EL GRAN DIAMANTE Y LAS PIEDRITAS

Sebastián Spagnoli. Olivos, Argentina

Daniel 12:13 *Pero tú, persevera hasta el fin y descansa, que al final de los tiempos te levantarás para recibir tu recompensa.*

Este joven recibió instrucciones precisas para recibir su herencia: «Pasa esa entrada y sigue el camino hasta el final sin detenerte. El camino mismo te mostrará el recorrido, pero no te detengas y esquiva todos los obstáculos siempre mirando hacia adelante. Ah, llévate esta bolsa para poner tu herencia cuando llegues al final».

El joven comenzó su recorrido muy confiado y animado; en el trayecto vio unas cosas pequeñitas que brillaban al lado del camino. En un momento decidió detenerse para ver lo que brillaba. Al acercarse vio una pequeña piedra de diamante. Esto lo alegro bastante, pero se lamento al percatarse de todas las que había dejado en el camino. Por un momento estuvo tentado a regresar para recogerlas, pero recordó las instrucciones de no parar. «Bueno», pensó, «la bolsa es bastante grande y deben haber más de estos diamantes pequeños adelante. Total, qué le hacen una que otra piedrita a esta gran bolsa, no tiene importancia». Efectivamente, el camino estaba lleno de esos pequeños diamantes y el muchacho se había encargado de recoger todos los que había a su alcance.

Al llegar al final de su viaje, la bolsa en su espalda pesaba tanto que estaba agotado y adolorido; pero fue en el lugar donde debía recoger su herencia donde recibió la sorpresa. Un enorme diamante lo esperaba. Miró su bolsa, con la capacidad exacta para cargar ese gran diamante, pero no le sobraba ni un milímetro. Cuánto tiempo había perdido juntando piedritas y cuán pesado y doloroso había resultado su viaje a causa de esto, y todo en vano.

Así es la vida de algunos cristianos; sabemos que al final del camino está nuestra herencia, pero perdemos tiempo juntando piedras que solo hacen más pesado nuestro viaje. El camino está lleno de piedras brillantes, pero no se comparan con la recompensa que nos espera al final de un camino obediente a Dios.

Punto de reflexión

¿Me freno en el camino a juntar piedras brillantes sin valor? ¿Cómo hago para ser libre del pecado y llegar descansado al «gran diamante»?

Audiencia con el Rey

Querido Dios, dame sabiduría par que pueda desechar las distracciones del camino de mi vida. Quiero perseverar y confiar en tus promesas. Quiero llegar a tu presencia sin piedras para poder disfrutar de tu recompensa.

Encuentro 140

Los extraterrestres y Rapoport

María Eugenia Campos
Tandil, Argentina

Isaías 43:19 *¡Voy a hacer algo nuevo! Ya está sucediendo, ¿no se dan cuenta? Estoy abriendo un camino en el desierto y ríos en lugares desolados.*

Me llamo María Eugenia, pero mis amigas de la universidad me dicen: «Rapoport». Una de las características que más me agradan de Dios es que le encanta asombrarme en diversas maneras creativas. Seguro que a ti también te pasan muchas cosas increíbles cuando caminas cerca de él. A mí me asombran muchísimas cosas suyas. Es por eso que la gente que me conoce me recomienda que escriba un libro o una novela para hacerme más rica que Madonna.

En el ministerio ***LAGRAM,*** que tenemos en Tandil, cada vez que llegaba tarde me preguntaban por el rapto de los extraterrestres y el viaje a Marte. Me lo decían porque estaban acostumbrados a que yo les contara algo especial que me había sucedido recientemente. Decían que algo extraño era lo mínimo que se imaginaban que podía pasarme (de más está decir que son unos exagerados). Pero lo que más asombra a las personas que me conocen (y a veces a mí misma) es que tomo todo con humor, y creo que ese es el secreto. Cuando vivimos cada día con Dios, él hace que hasta las cosas más trágicas no nos afecten mucho. Seguro que habrás escuchado ese versículo que dice: «Todo lo puedo en Cristo que me fortalece» (Filipenses 4:13). Una vez me traje de un hermoso campamento en Chaco, al norte de Argentina, la pregunta: «Dios, ¿Qué es lo que tienes preparado hoy para mí?» Hacerla de corazón es lo que ha transformado cada uno de mis días en una aventura. Creo que tú y yo sabemos que no existe nadie que pueda hacer los planes tan perfectos como nuestro Dios. Entonces: ¿Por qué resignarse a mirar solo la vida de gente famosa o una novela barata, cuando Dios tiene para ti todo una aventura asombrosa? Anímate a consultar la agenda que Dios tiene hoy para ti y sé la persona más original de la galaxia.

Punto de reflexión

¿Qué cosa nueva querrá hacer Dios conmigo hoy?

Audiencia con el Rey

Señor, hoy me animo a darte la agenda de mi corazón, todos mis planes, actividades, problemas, limitaciones y mi visión de las cosas. Quiero que seas la prioridad en mi vida y deseo estar en comunión contigo en cada segundo para que a través de mí puedas sorprender a otras personas con tu amor.

Encuentro 141

De eso no se habla

Juan 8:32 *Y conocerán la verdad, y la verdad los hará libres.*

Es importante que los cristianos hablemos de la sexualidad por tres razones:

El silencio no tiene ningún beneficio.

No decir nada al respecto es alimentar la ignorancia. El silencio da una idea de lo oculto, de algo oscuro y malo. El sexo no tiene nada de malo en sí mismo. Dios diseñó la sexualidad con toda su santidad. La Biblia dice muchas cosas al respecto y podemos encontrar apoyo en libros cristianos y hasta seculares que afirman que la Biblia tiene razón en sus recomendaciones. De sexo sí se debe hablar porque hay mucho que aprender de los mejores planes del cielo para la sexualidad.

El mundo habla demasiado al respecto.

Si los padres y líderes cristianos no dicen nada, los jóvenes solo tendrán como base lo que escuchan en los medios de comunicación masivos. Por favor, no te quedes con lo que te dicen MTV, Ricky Martín y las canciones románticas del momento. El mundo habla demasiado al respecto, pero siempre dice lo mismo: «Hay que satisfacer las ganas» y «Sexo y amor son la misma cosa». Dos mentiras con consecuencias tristes.

Nosotros tenemos la verdad.

¿Quién mejor que el Creador para decir qué nos conviene? Muchos tienen esta idea equivocada de que Dios da mandamientos sin sentido que solo tienen el fin de mantenernos a raya y aburridos. ¡Nada más lejos de la realidad! Dios quiere lo mejor para nosotros y cuando nos dice que algo no nos conviene es porque de verdad es así. Vivir en los planes de Dios es lo más inteligente que puedes hacer por tu futuro. Jesús es la verdad suprema y todo lo que él nos recomendó es una receta para tener vidas exitosas y llenas de alegría. Podemos hablar de sexo. Es necesario hacerlo, pero es mejor hablar con personas con una perspectiva cristiana y verdadera experiencia como papá o mamá o los líderes de la iglesia.

Punto de reflexión

¿Con quién puedo hablar de sexo?
¿Cuándo me voy a animar a hacerlo?

Audiencia con el Rey

Señor, gracias por el regalo de la sexualidad. Ayúdame a administrarlo bien de manera que pueda ser feliz y no tomar ninguna decisión que me lastime.

Encuentro 142

Vampiros

Gisela Ramos
California, USA.

Marcos 16:15 *Les dijo: Vayan por todo el mundo y anuncien las buenas nuevas a toda criatura.*

Todos sabemos algo de los vampiros. Desde chiquitos nos asustan con cuentos de drácula y otros chupasangre famosos. Pero sabemos que no existen, ¿o sí? Algunas de sus características que conocemos de las películas son:

Los vampiros parecen normales y hacen muchas de las cosas que el resto de los mortales hacen. Con la leve diferencia que no están vivos: son muertos en vida.

Nos pueden hacer como ellos. Si no estamos alertas ¡PUM!, en un segundo estaremos igual de muertos, sin remedio.

Ellos buscan algo con qué llenar sus vidas, siempre tienen que conseguir algo para vivir un poco más ¡Y lo encuentran! Pero nunca es suficiente.

No entran a ninguna parte a menos que sean invitados.

Solo los salva de seguir en esa muerte el que los amó en vida, clavándoles una estaca en el corazón. Si lo pensamos bien, todas estas son también las características de muchas de las personas que nos rodean. Gente que a la que conocemos desde hace mucho, con la que compartimos la mitad de nuestras vidas. Gente que en parte nos crió o quizás crecimos junto a ellas, pero no tienen el privilegio de conocer a Dios como nosotros. Los únicos que los podemos ayudar a conocer al Salvador de un destino miserable somos nosotros mismos. ¡Cuidado! No estoy diciendo que hay que clavar a nadie. Solo hay que poner en sus corazones algo más poderoso que cualquier estaca: «El mensaje de salvación». Al fin y al cabo, no hay que esperar que ellos vayan a Cristo; hoy mismo podemos invitarlos a conocer a Jesús (Romanos 10:14).

Dios nos dio una misión y fue para que la cumplamos. Qué mejor que empezar con aquellas personas que nos importan y amamos. Después de todo, no queremos que sean vampiros.

Punto de reflexión

Revisa las características de los vampiros y piensa en tus amigos. ¿Cómo puedes ayudar a quienes están muertos en vida?

Audiencia con el Rey

Señor, gracias porque nos diste el honor de conocerte y nos salvaste de un destino negro. Te pido que me ayudes a llevar tu salvación a todos aquellos que lo necesitan, empezando por poner el ejemplo entre todas las personas que quiero. Gracias. Amén.

Encuentro 143

Mentes inquietas

Éxodo 31:3 *Y lo he llenado del Espíritu de Dios, de sabiduría, inteligencia y capacidad creativa.*

Investigaciones en la Universidad de Minnesota hallaron que los maestros sonreían con los niños de alto índice de inteligencia y que eran aplicados, pero que miraban con desprecio a los más creativos. Según el estudio, los alumnos inteligentes pero no creativos aceptan con conformidad, no se rebelan y completan sus deberes con prontitud y casi perfectos. Los niños creativos en cambio, tienden a ser manipuladores, imaginativos e intuitivos. Son más propensos a poner nerviosos a los maestros. En general los creativos son inquietos, independientes, imaginativos y les falta seriedad. Muchas veces su comportamiento distrae al resto de la clase y dan respuestas inesperadas. El estudio universitario encontró que setenta por ciento de los niños nivelados muy alto en creatividad no eran los preferidos de los profesores ni tampoco los mejores de la clase. Luego compararon sus resultados con los de una investigación de la Universidad de Stanford, en la que se había dejado a los profesores y maestras de escuelas primarias seleccionar a los niños más brillantes. La conclusión fue que los profesores y maestras habrían excluido de su lista de alumnos brillantes a algunos como Edison, Picasso, Einstein y Mark Twain.

La creatividad es un regalo de Dios. Es uno de sus atributos comunicables. Es decir, una de las características de Dios que decidió trasmitirnos como consecuencia de hacernos a su imagen y semejanza. Las personas creativas están siempre buscando nuevas y mejores formas de hacer las cosas. Muchas veces la iglesia hace lo mismo que la escuela. Hemos puesto en alta estima a los que repiten los procesos al pie de la letra en vez de prestarles atención a los innovadores que quizás encontraron una mejor manera de hacer las cosas para el tiempo moderno.

Con el Espíritu de Dios dentro de nosotros, todos los cristianos podemos ser creativos. Debemos usar la imaginación para poder cumplir con la misión para la que Dios nos escogió. Podemos usarla para renovar nuestra vida, familias, iglesias y este mundo que tanto necesita de la originalidad de los hijos de Dios.

Punto de reflexión

¿Qué piensa Dios de la creatividad?
¿Cómo puedo usar mi creatividad para el Señor?

Audiencia con el Rey

Querido Dios Creador, gracias por darme libertad para ser una persona creativa. Quiero usar todos mis talentos y dones a tu servicio para que la iglesia pueda ser cada vez más eficiente.

Encuentro 144

Compartamos las cargas

Elizabet Calderón
Lomas de Zamora, Argentina

Gálatas 6:2 *Ayúdense unos a otros a llevar sus cargas.*

Durante años creí que eso de andar ventilando las cosas que a uno le pasan por dentro era un asunto de adolescentes problemáticos que siempre tienen algún drama nuevo por contar. Tengo que reconocer que muy en el fondo, me llamaba un poco la atención el que todos dijeran estar tan aliviados y tranquilos luego de expresarles sus cosas a otro. Pensaba que eso no era para mí; cómo yo, una joven tan fuerte y segura de sí misma iba a dar indicios de debilidad... Nuestras preocupaciones, dramas en casa, nuestros miedos no tienen por qué ser la historia del día para los demás, pero lo cierto es que las cargas pueden ser compartidas. Eso nos lo enseña la Biblia. Cuando somos capaces de resignar nuestro orgullo y abrirnos con los demás es que nos damos cuenta de la tremenda bendición que nos estábamos perdiendo. Aunque a veces parezca que nada de lo que nos rodea es digno de confianza todavía queda gente a la que podemos recurrir. No dejemos que nuestra apariencia de personas «duras» nos prive de la oportunidad de disfrutar de amistades profundas en serio. Animémonos a acercarnos a los demás y mostrarnos tal cual somos, ellos se acercarán a nosotros también.

Punto de reflexión
¿Soy de las personas que guardan todo para sí?
¿Por qué es bueno contar con otros?

Audiencia con el Rey
Señor, gracias porque nunca te asustas con mis debilidades. Señor, dame personas confiables con las que comparta mis conflictos y ayúdame a ser la clase de personas con la que otros pueden contar cuando tienen problemas.

Encuentro 145

JUST DO IT! [¡HAZLO!]

Paula Del Vecchio
Adrogué, Argentina

Proverbios. 28:26 *Necio es el que confía en sí mismo; el que actúa se pone a salvo.*

La Biblia dice que el corazón del hombre es engañoso y que debemos confiar en Dios para ser sabios (Proverbios 1:7). En cambio, este mundo nos dice a gritos: «Solo hazlo»; o: «Mientras te haga sentir bien...» «Dale rienda suelta a tus sentidos... », «Solo se vive una vez»... «¿Quién sabe si mañana te mueres y al final viviste toda tu vida como un reprimido? »

Este discurso es muy conocido, es más, nos bombardean constantemente por todos lados desde la tele, radio, la calle, nuestros amigos, etc... Y a Dios, que susurra a veces a nuestro corazón sus sabios consejos, no lo escuchamos porque nos dejamos aturdir. Entonces terminamos conformándonos, es decir, tomando la forma del «mundo», «el sistema» o como quieras llamarlo, cuya escala de valores, ten por seguro es inversamente proporcional a la de Dios.

Pero no todo está perdido. Como hijos de Dios podemos contar con el fruto del Espíritu Santo, en especial con el dominio propio, que nos ayuda a controlarnos en momentos de tentación. No es fácil, pero no es imposible. Confiar en Dios es la mejor opción.

A pesar de que la filosofía actual diga: «Sigue tus instintos, sé tú mismo, no te reprimas»; Dios no quiere que seas un(a) reprimido(a). Él quiere que te ordenes para tener una vida plena.

Hoy no está de moda hablar de «orden», parece estar más de moda hablar de descontrol, porque parece que esta palabra es sinónimo de diversión. Otra mentira astutamente disfrazada.

¿Te has puesto a pensar a dónde te lleva el desenfreno o el descontrol? No creo que tengas que leer un diario para responder esta pregunta, los resultados saltan a la vista.

Punto de reflexión

¿Es lo mismo «Seguir a tu corazón» y «Consultar a Dios»?
¿Será sano vivir por nuestros instintos? ¿Por qué?

Audiencia con el Rey

Señor, perdóname por confiar más en mis instintos que en tu voz. Ayúdame a confiar en ti, en los momentos de tentación para seguir tu corazón en vez del mío. Amén.

Encuentro 146

Dos para el loquero

Hechos 16:25-26 *A eso de la medianoche, Pablo y Silas se pusieron a orar y cantar himnos a Dios, y los otros presos los escuchaban. De repente se produjo un terremoto tan fuerte que la cárcel, se estremeció hasta sus cimientos. Al instante se abrieron todas las pertas y a los presos se les soltaron las cadenas.*

Pablo y Silas estaban encerrados por predicar. El carcelero, que debía parecerse a King Kong, los metió cuidadosamente en el calabozo con un cepo en sus manos y en sus pies. Parece que Pablo pidió hacer gárgaras, y una vez encerrado dio la nota, no sé si era en «fa» o en «sol», pero Silas se animó, y empezaron a alabar al Señor. Después de un rato, con todo el resto de los presos mirando, fueron levantando el ritmo hasta que llegaron a su canción preferida y... ¡uuh, qué fiesta! Parece que Dios que escuchaba desde los cielos se la sabía, y como la canción era una de esas que tienen coreografía con saltito, lo dio. Claro que todo se estremeció al instante. El salto de Dios produjo un terremoto en la tierra y Pablo y Silas quedaron liberados.

Más allá de los detalles que son producto de mi imaginación, lo cierto es que la fiesta de Pablo y Silas en la cárcel fue escuchada por Dios y él los liberó. Era cosa de locos alabar al Señor en esas circunstancias, pero Pablo y Silas se animaron a festejar en medio del calabozo y el Señor se alegró con ellos.

No te metas en tu propio camino. Muchas veces somos nosotros los que limitamos y detenemos el gozo del Señor en nosotros. Pensamos: «Esto no lo voy a poder hacer, a eso no voy a llegar o aquello es demasiado difícil». «Esta situación es muy triste...» y quizás no estamos viendo que esa celda es una oportunidad de crecimiento en la cual podemos gozarnos. Sucede que los que se sienten siempre atrapados en alguna circunstancia negativa es porque están encerrados en una religión. Pablo y Silas sabían festejar su vida cristiana aun cuando estaban en la cárcel. Se enfocaban en lo positivo de su experiencia y no en lo negativo. De esa manera su estado de ánimo los llevaba a sentirse a gusto aun en medio de circunstancias tristes.

Punto de reflexión

¿Por qué Pablo y Silas cantaban en la cárcel?
¿Cuánta locura santa hay en tu vida?

Audiencia con el Rey

Hoy quiero alabarte en toda circunstancia. Quiero experimentar tu gozo y cantar aún en las situaciones más difíciles.

Encuentro 147

COMBUSTIBLE DEL CORAZÓN

Romanos 5:5 *Y esta esperanza no nos defrauda, porque Dios ha derramado su amor en nuestro corazón por el Espíritu santo que nos ha dado.*

En 1907 el explorador Ernest Henry Shackleton organizó una increíble expedición al polo sur. Había viajado por el mundo desde que tenía 16 años, cuando era aprendiz en una flota británica mercante. Shackleton sabía que el viaje iba a ser demoledor, pero no esperó que las condiciones del tiempo fueran tan malas. Estando con sus compañeros de aventura en pleno viaje, las tormentas empezaron a destruir todo lo que tenían. Las temperaturas bajo cero hacían al viento letal. La visibilidad era imposible, sus cuerpos ya estaban extenuados y cada paso demandaba un esfuerzo sobre humano. En medio de esta situación, la comida también se terminaba. Con noventa y siete millas náuticas para llegar al polo sur, tuvieron que abandonar las esperanzas y emprender el regreso, lo cual obviamente empeoró el ánimo de todos.

Mientras hacían intentos desesperados por volver a la base se dieron cuenta de que debían acelerar el ritmo de marcha o iban a sucumbir. Decidieron que debían dejar varias cosas en el camino para hacer su carga más ligera. En medio de esa situación tan extrema, Shackleton pudo prestar atención a lo que sus compañeros decidieron dejar en el camino y en el proceso aprendió mucho de ellos. Lo primero que varios dejaron fue dinero en moneda. Lo siguiente, aunque verdaderamente escaseaba, fue comida. Luego prendas y elementos técnicos que cargaban encima. Al regresar al campamento, Shackleton luego de contar lo sucedido, le preguntó al resto: ¿Qué creen que todos guardaron hasta lo último con mucho cuidado? La respuesta calentó el frío ambiente de la base: «Fotos y cartas de los amados fueron el combustible que los mantuvo en movimiento por la esperanza de volverlos a ver». El amor siempre nos llena de nuevas esperanzas.

Punto de reflexión

¿Cuál es el combustible de tu corazón?

Audiencia con el Rey

Querido Rey, hoy quiero dejar que me llenes de tu amor. Quiero sentirlo y disfrutarlo. Gracias porque contigo siempre hay nuevas esperanzas.

Encuentro 148

SANTIDAD

Marcelo Gallardo
Banfield, Argentina

Salmos 93:5 *Dignos de confianza son Señor, tus estatutos; ¡La santidad es para siempre el adorno de tu casa!*

La santidad es una de las cosas más importantes que Dios pide para que podamos tener una buena relación con él. Lo lamentable es que sea una de las cosas que más descuidamos. Ser santos no se trata solo de alejarnos del pecado, lo más destacable de eso es que para ser santos debemos «apartarnos» para Dios. En este sentido la santidad es una actitud constante del corazón que decide apartar todo lo que hacemos, decimos, escuchamos, vemos y pensamos para el servicio a Dios.

Además, ¿cómo puedo querer ser usado por el Señor si no me aparto para él? Sería como usar el mismo trapo para limpiar el piso del baño y limpiar los platos; sería un desastre. Otro problema de la falta de santidad es que nos invita a alejarnos de nuestra relación personal con el Señor. Así se interrumpe la comunicación y todos sabemos que si la comunicación falla en un proyecto, el objetivo se empieza a desviar. Por eso Dios quiere que nos santifiquemos para él y para su obra. El camino a la santidad se encuentra básicamente en una relación intima con él. ¿Nunca tuviste un amigo con el que pasabas veinticinco horas por día y después de un tiempo te diste cuenta de que muchas de sus actitudes, chistes, reacciones y hasta gustos ya son tuyas también? Bueno, con el Señor pasa igual. Cuánto más tiempo pases con él, más cosas vas a imitar de él, y más parecido a él vas a ser. Esa es la clave para la santidad y te aseguro que todo el tiempo invertido valdrá la pena porque cuánto mayor es la santidad, mejor puedes ser usado por Dios para su obra.

Punto de reflexión

¿Estoy cultivando una relación íntima con el Señor que produzca santidad? ¿Cuán «apartado» para Dios estoy?

Audiencia con el Rey

Padre celestial, te pido que me sigas santificando, te entrego todo mi ser, mis acciones y pensamientos para que hagas lo que quieras conmigo.

Encuentro 49

EL CORAZÓN DE LA ADORACIÓN

Apocalipsis 4:11 *Digno eres, Señor y Dios nuestro, de recibir la gloria, la honra y el poder, porque tú creaste todas las cosas; por tu voluntad existen y fueron creadas.*

El Espíritu Santo descongela las ideas que la gente tiene respecto a Dios y da vida a las palabras de la Biblia. Cuando se le da paso, el Espíritu Santo transforma el clima religioso de un corazón de la misma manera que la llegada de la primavera deshiela a los polos. Muchos miden el avivamiento o la renovación de una iglesia por la cantidad de manos levantadas. Cristo no. Él cuenta las manos extendidas. No le importa cuán bien nos salga la cara de telenovela al cantar ni lo bien que nos salga un pasito pa'lante un pasito pa'trás. A él le interesa nuestro amor por los necesitados.

No niego que la emoción no sea una parte sensacional de cómo experimentamos la alabanza o la ministración. Hacerlo con libertad y emoción es maravilloso. Pero sigue sin ser eso el factor que determine una verdadera vida de adoración. El corazón de la adoración es el amor y la obediencia.

Si verdaderamente queremos honrar a Dios y creemos que él es digno de toda la gloria entonces seremos obedientes a él. No hay manera de ser un adorador sin tener un corazón obediente y lleno de amor. Podremos saber las mejores canciones, ser excelentes músicos y participar de un montón de discos de alabanza. Pero la adoración se muestra en la obediencia. El principal mandamiento fue y es: «Amarás al Señor tu Dios y amarás al prójimo». Lograr eso es el verdadero deseo del Espíritu Santo. Ese es el calor que quiere calentar nuestro interior. Cuando amamos al Señor de corazón le obedecemos y seremos de bendición a los necesitados, los pobres y los lastimados. Esa es la mejor alabanza que puede subir al cielo.

Punto de reflexión

¿Cómo medimos el avivamiento o la renovación de una iglesia?

¿Qué significa ser adoradores?

Audiencia con el Rey

Tú eres digno de toda la gloria y la honra. Tú eres Dios y no hay nadie superior ti. Quiero obedecerte y mostrar que te amo amando a otras personas. Tú me amaste sin merecerlo y deseo mostrar esa clase de amor a otras personas para que tu nombre sea glorificado.

Encuentro 150

No fue un accidente

Salmo 139:14-15 *¡Te alabo porque soy una creación admirable! ¡Tus obras son maravillosas, y esto lo sé muy bien! Mis huesos no te fueron desconocidos, cuando en lo más recóndito era yo formado.*

Tu nacimiento no fue accidente. Tu vida fue pensada, meditada y llorada desde los cielos (Salmos 22:10, Salmo 139:13, Gálatas 1:15) .

La cruz no fue un accidente. La cruz fue pensada, meditada y llorada desde los cielos (Isaías 53: 4-7, Hechos 2:23, Colosenses 1:19-20).

Tu futuro no será un accidente. Tu futuro ha sido pensado, meditado y llorado desde los cielos (Filipenses 1:6, Romanos 8:29, Mateo 6:26-32).

Errores y accidentes humanos pueden haber participado o participarán de cada uno de estos hechos. Pero es Dios quien primero los tejió en su corazón. Tú no eres una casualidad ni un descuido de tus padres. Tú eres un milagro del cielo.

Punto de reflexión

¿Por qué no soy un accidente? ¿Qué puedo cambiar de mis conductas cotidianas conociendo esta verdad?

Audiencia con el Rey

Señor, gracias porque tú no cometes errores. Es un milagro, pero creo lo que tu Palabra habla de tu propósito para mi vida. Gracias por ser tan perfecto y acompañarme en cada etapa.

Encuentro 151

El cielo en la tierra

Apocalipsis 19:9 *El ángel me dijo: «Escribe: "¡Dichosos los que han sido convidados a la cena de las bodas del Cordero!"»*

Cuando era pequeño y escuchaba a los que dirigían las reuniones decir que el cielo sería como quedarnos cantando en la iglesia por la eternidad, me daban ganas de gritar ¡Noooooo, por favor! ¡No quiero ir al cielo! Hasta recuerdo habérselo dicho a mi mamá. Con muchas risas ella me explicó que el cielo no era una reunión en un templo. Me dijo que era mejor que la mejor fiesta de cumpleaños que se me pudiera ocurrir y que estaba lleno de muchas sorpresas que no podíamos imaginarnos cómo iba a ser. Me quedé pensando en la fiesta de cumpleaños y llegué a la conclusión de que el cielo iba a ser divertido, emocionante y, claro, lleno de comida. Hace poco escuchaba una canción de Steven Curtis Chapman que se llama: «El cielo en la tierra» y recordé esta experiencia grabada en mi memoria. Al salir a la superficie mi ocurrencia cobró un nuevo sentido. Sí el cielo es una fiesta, en la tierra debe ser igual y así debe ser la iglesia. Pero miramos la historia y es como si se hubiera cortado la luz en medio del cumpleaños. Hemos perdido tanto de ese espíritu gozoso que Dios intentó imprimir en su pueblo. Si pensamos bien quiénes son los que van a estar en la fiesta de los cielos es fácil saber que sí queremos un cielo en la tierra debemos perdonar a quienes no se lo merecen, dar consuelo a aquellos que les hace falta y preparar comida para los que están hambrientos. Traer el cielo a la tierra es festejar según la gracia de Dios con aquellos que Dios ama. Aun Cristo comparó su reino con una fiesta de bodas (Mateo 22:2-4). Pero muchas veces la iglesia es más parecida a un velorio que a una fiesta. ¡Cambiemos! Seamos una iglesia que sepa compartir con los que no tienen, perdonar a los que no se lo merecen y busquemos más motivos y formas para festejar el amor de Dios. Algunos confunden ser espiritual con ser aburridos. Ambas cosas no tienen nada que ver. ¡Ser espiritual es estar lleno de fiesta!

Punto de reflexión

¿Cómo llevar la fiesta de conocer a Dios a donde no lo conocen?
¿Cómo puedo traer el cielo a mi familia y mis amigos?

Audiencia con el Rey

Querido Rey, gracias por la fiesta. Gracias por la promesa del cielo y porque podemos empezar a disfrutar aquí mismo de todas tus bendiciones. Lléname de gozo para que pueda ser un testimonio de que en verdad te conozco.

Nos agradaría recibir noticias suyas.
Por favor, envíe sus comentarios sobre este libro
a la dirección que aparece a continuación.
Muchas gracias.

Vida

ZONDERVAN

Editorial Vida
8325 NW. 53rd St., Suite #100
Miami, Florida 33166-4665

Vidapub.sales@zondervan.com
http://www.editorialvida.com